江苏省地方标准

高速公路联网监控系统技术标准

Technical Standard of Surveillance System for Expressway Network

DB32/T 2620—2014

主编单位: 江苏省高速公路联网营运管理中心
江苏长天智远交通科技有限公司
批准部门: 江苏省质量技术监督局
实施日期: 2014 年 02 月 10 日

人民交通出版社股份有限公司

图书在版编目(CIP)数据

高速公路联网监控系统技术标准 ：DB32/T 2620—2014 / 江苏省高速公路联网营运管理中心主编. — 北京：人民交通出版社股份有限公司，2014.6

ISBN 978-7-114-11476-2

Ⅰ. ①高… Ⅱ. ①江… Ⅲ. ①高速公路—监控系统—技术标准—河南省 Ⅳ. ①U412.36-65

中国版本图书馆 CIP 数据核字(2014)第 128521 号

标准类型：江苏省地方标准
标准名称：高速公路联网监控系统技术标准
标准编号：DB32/T 2620—2014
主编单位：江苏省高速公路联网营运管理中心　江苏长天智远交通科技有限公司
责任编辑：李　农
出版发行：人民交通出版社股份有限公司
地　　址：(100011)北京市朝阳区安定门外外馆斜街 3 号
网　　址：http://www.ccpress.com.cn
销售电话：(010)59757973
总 经 销：人民交通出版社股份有限公司发行部
经　　销：各地新华书店
印　　刷：北京市密东印刷有限公司
开　　本：880×1230　1/16
印　　张：5.25
字　　数：150 千
版　　次：2014 年 6 月　第 1 版
印　　次：2014 年 6 月　第 1 次印刷
书　　号：ISBN 978-7-114-11476-2
定　　价：50.00 元

目　　次

前　　言

为了规范高速公路监控系统规划、设计、建设、运营和维护管理工作，实现高速公路系统的互联互通，提高江苏省高速公路使用效率和服务水平，根据《中华人民共和国标准化法》、《中华人民共和国公路法》、中华人民共和国交通运输部《高速公路监控技术要求》等法律法规及有关标准、规范，结合江苏省高速公路管理的实际，特制定本标准。

本标准编写格式符合 GB/T 1.1—2009《标准化工作导则　第 1 部分：标准的结构和编写》的规定。

本标准的附录 A、附录 B、附录 E、附录 G、附录 H、附录 I 为规范性附录。

本标准的附录 C、附录 D、附录 F 为资料性附录。

本标准由江苏省交通运输厅提出并归口。

本标准起草单位：江苏省高速公路联网营运管理中心、江苏长天智远交通科技有限公司。

本标准主要起草人：崔小龙、王登才、孙兴焕、濮荣、韩惠婷、于志平、李楠、陈晓静、游楠、侯勇。

本标准为首次发布。

高速公路联网监控系统技术标准

1 范围

本标准规定了江苏省高速公路联网监控系统管理架构、系统功能、系统构成及设置规模、系统软件、视频联网要求、数据联网要求、新(改、扩)建路桥接入流程等内容。

本标准适用于江苏省已建、新(改、扩)建高速公路监控系统的实施、管理及维护。

2 规范性引用文件

下列文件对于本文件的应用是必不可少的。凡是注日期的引用文件,仅所注日期的版本适用于本文件。凡是不注日期的引用文件,其最新版本(包括所有的修改单)适用于本文件。

GB/T 1526 信息处理——数据流程图、程序流程图、系统流程图、程序网络图和系统资源图的文件编制符号及约定

GB/T 2260 中华人民共和国行政区划代码

GB/T 7408 数据元和交换格式 信息交换 日期和时间表示法

GB/T 8566 信息技术软件生存周期过程

GB 8567 计算机软件文档编制规范

GB/T 9385 计算机软件需求规格说明规范

GB/T 9386 计算机软件测试文件编制指南

GB/T 11457 软件工程术语

GB/T 15532 计算机软件测试规范

JTG A03—2007 国家高速公路网命名和编号规则

JTG B01—2003 公路工程技术标准

交公路发〔2011〕183 号 交通运输部公路交通阻断信息报送制度

交通运输部 2012 年第 3 号公告 公路网运行监测与服务暂行技术要求

交通运输部 2012 年第 3 号公告 高速公路监控技术要求

交通运输部 2012 年第 3 号公告 高速公路通信技术要求

交通运输部 2007 年第 35 号公告 收费公路联网收费技术要求

江苏省高速公路网命名和编号规则(2008 年)

江苏省交通视频监控系统联网技术要求(2013 年)

3 缩略语

GUI——图形化人机交互界面(Graphical User Interface)。一种可视化的用户界面,它使用图形界面代替文字界面,操作更人性化,减轻了用户的认知负担,更容易操作。

NTSC——(美国)国家电视系统委员会制式(National Television Systems Committee)。

PAL——彩色电视广播标准,采用逐行倒相正交平衡调幅技术(Phase Alternating Line)。

H.264——ITU—T 的视频编码专家组(VCEG,Video Coding Experts Group)和 ISO/IEC 的活动图像编码专家组(MPEG,Moving Pictures Experts Group)的联合视频组(JVT,Joint Video Team)开

发的一个数字视频编码标准，它既是 ITU—T 的 H. 264，又是 ISO/IEC 的 MPEG-4 的第 10 部分。

VD——车辆检测器（Vehicle Detector）。本标准的车辆检测器检测的内容及实现的功能应包含《公路网运行监测与服务暂行技术要求》中的交通运行监测设施的所有检测内容和功能，避免重复投资。

VI——能见度检测器（Visibility Detector）。

WD——气象检测器（Weather Detector）。

CMS——门架式可变信息标志（Changeable Message Sign）。

LO/LI——光强检测器（Light Intensity Detector）。

PLC——可编程逻辑控制器（Programmable Logic Controller）。

CO/VI——一氧化碳/能见度检测器（Carbon Monoxide/Visibility Detector）。

4 总则

4.1 为提高江苏省高速公路网管理和服务水平，规范高速公路监控系统规划、设计、建设和运营管理工作，根据国家相关法律法规及有关技术标准，制定本标准。

4.2 高速公路监控系统遵循“统筹规划、统一标准、联网监控、分级管理、逐步完善”的原则，实现省内联网监控。

4.3 在规划、设计、建设、运营管理过程中，高速公路道路沿线、隧道、桥梁等的监控系统统一考虑。

4.4 江苏省高速公路联网监控范围包括全省所有开通运行的高速公路。所有高速公路开通运行时，其监控系统必须纳入全省高速公路联网监控系统的范围。

4.5 江苏省高速公路监控系统由高速公路省级监控中心（简称省监控中心）、路段监控（分）中心和基层管理单元三级基本结构构成。

4.6 省监控中心与省高速公路联网收费、通信中心合址建设。

4.7 各路段监控系统在江苏省整体规划的基础上，根据自身建设情况选择各类监控设备，同时可根据技术发展选择新技术、新产品，但应兼顾统一性、系统性和稳定性，并保证监控数据和视频图像等的数据接口、数据格式与编码格式方面的一致性和系统的互联互通。

5 管理架构

5.1 监控系统管理架构

江苏省高速公路监控系统管理架构（图 1）包括省监控中心、路段监控（分）中心和基层管理单元。省监控中心负责与江苏省交通运输厅信息中心的业务数据交互，由江苏省交通运输厅信息中心负责向交通运输部传输数据。

5.2 管理架构设置原则

5.2.1 总则

江苏省高速公路监控系统管理架构根据江苏省内高速公路网规划及行政区划特点等，结合本省实际情况统筹规划，并遵循统一的设置原则。

5.2.2 省监控中心

省监控中心负责全省高速公路网的综合监控和管理。

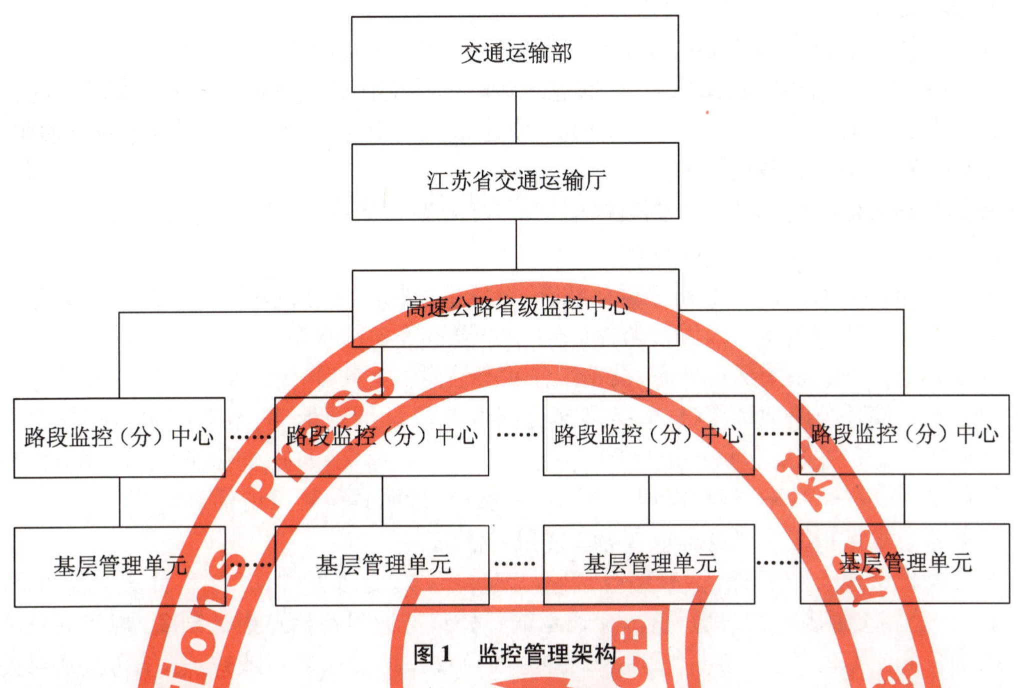

图1　监控管理架构

5.2.3　路段监控(分)中心

路段监控(分)中心根据路段建设情况、投资主体、运营管理模式,结合路段实际道路交通特点和长度设置。路段监控(分)中心设置于便于上下高速公路的互通立交附近,且与沿线其他管理部门同址合设。路段监控(分)中心设置纳入全省路网统一规划。

5.2.4　基层管理单元

基层管理单元是高速公路监控系统最基层的监控管理单元,包括监控外场设施管理、隧道监控设施管理、桥梁监控设施管理、清排障部门等。

6　系统功能

6.1　省监控中心系统功能

6.1.1　总则

省监控中心能汇聚处理各路段监控(分)中心上传的有关数据、图像,实现全省高速公路交通状况的监视、数据汇总、统计,协调路段监控(分)中心之间的管理和应急处置工作,在应急事件情况下,下发事件处置指令,实现对公众信息服务。监控系统具体操作流程见附录A。省监控中心除与路段监控(分)中心联网外,还与行业管理部门进行信息交换。省域内高速公路监控系统时间同步源由省监控中心从省级通信中心获取信号。省监控中心具备以下基本功能。

6.1.2　信息采集

省监控中心可及时掌握道路状况、交通流状况、气象状况、设备运行状况以及事故告警等信息。具体采集信息参考如下(但不限于此):

a)　采集公路基础信息,包括路线、路基、路面、构造物、交通工程及沿线设施、桥梁、隧道、服务区、收费站、治超站等,具体采集内容除符合交通运输部相关文件规定之外,还应满足交通地理信息系统需要。

b) 采集各路段监控(分)中心区段交通数据、环境参数(包括隧道环境参数)。

c) 采集视频(收费和监控)图像信息,通过闭路电视系统直接对道路沿线进行实时监视。

d) 采集各路段监控(分)中心管理区段的交通事故以及其他异常事件信息,包括交通阻塞、事故事件、隧道火灾、设备故障等。

e) 采集各路段监控(分)中心控制策略信息,包括各路段监控(分)中心正在执行的控制方案、发布的显示信息、采取的行动决策。

f) 采集各路段监控(分)中心系统运行状态、设备工作状态信息,包括外场设备(含紧急电话工作状态)、隧道内的设备以及路段监控(分)中心设备等工作状态信息。

g) 采集省监控中心系统运行状态、设备工作状态信息。

h) 收集全省高速公路地理信息,包括高速公路各路段详细地形库,地形库中存有各路段范围的地图图片,其中主要包括地形、道路、河流,以及沿线有关设施,如服务区、管理所、养护工区、消防队、医院、急救站、汽车修理厂等,并在地图上标明其位置及电话号码等。

i) 收集紧急电话报警或巡逻车报警等事件报警信息。

j) 采集操作员输入的事件、事故信息(重大灾害事件、交通事件、日常事件等公路交通阻断信息)。公路交通阻断信息应符合《交通运输部公路交通阻断信息报送制度》规定的公路交通中断信息和阻塞信息。交通中断指因某种原因导致公路无法通行或被迫封闭(包括对公路采取全部封闭、部分车道封闭、限时封闭、封闭收费站、主线分流、暂停施工等措施)的状态。交通阻塞指公路上行驶中的车辆因某种原因(包括对车辆采取巡逻管控、间断放行、限车辆放行、限流和限速放行等管制措施)在道路的某一区段异常地密集或集中,导致后续的车辆低速行驶、停驶甚至滞留的状态。事件、事故信息包括详细情况,如时间、地点、伤亡人员状况,持续时间,每一类事件采取的措施、处理方法,值班员号码等。

k) 采集基础设施状态信息(如有可采集,一般包括桥梁、隧道等状态)。

l) 采集道路养护、路政管理、服务设施和收费设施管理等信息。

m) 获取气象部门与高速公路相关的气象信息。

n) 采集积雪厚度、铲冰除雪进度情况等信息。

o) 采集服务区车流量信息、进出口车牌信息等。

其中,各路段监控(分)中心的路况信息、道路养护信息、管制信息等可以从现有的96777平台中获取,避免信息的重复报送、重复采集。

6.1.3 数据处理

数据处理功能如下:

a) 根据收集的交通信息、环境信息、图像信息、交通事故、异常事件、各种报警以及各路段监控(分)中心的控制方案等信息进行综合分析处理,判断各路段监控(分)中心管理段交通运行状态、异常事件的处理情况、环境条件、各路段监控(分)中心控制策略的实施情况。

b) 根据收集的设备工作状态信息、系统运行状态信息以及报警信息进行分析处理。判断省监控中心以及各路段监控(分)中心设备、各路段监控(分)中心管理区段内的设备是否需要维修保养,系统是否需要调试。

c) 根据业务管理建立数据库,数据库类别可以包括交通环境数据库、设备状态数据库、设备维修维护数据库、事件记录数据库、告警记录数据库、用户管理数据库等;也可建立数据中心。

以上数据处理结果为省监控中心对全省高速公路的宏观协调控制提供依据。

6.1.4 信息显示

信息显示功能如下:

a） 外场设备状态显示：以一定的图标显示在其相应位置，通过图标的颜色变化表示设备工作状态（正常、设备报警、故障），通过点击相应图标即可查看设备检测的内容和状态（车辆检测器、气象检测器、能见度检测器）、设备显示的内容和状态（各种形式的可变信息标志、信息发布屏等）。
b） 具有分层显示功能：可针对各种设备方便地进行分类监控、查询。
c） 沿线机构显示：在出现车辆故障、交通事故、人员伤亡等情况下可查询附近的管理处、路政大队、养护工区、服务区、收费站及附近的医院、公安交通管理、消防等部门，包括每个单位的名称、位置、负责人、联系电话等（根据操作人员要求编辑），以便实施紧急救援措施。
d） 路网运行状态显示：可通过颜色变化显示全省高速公路路况、交通状况等。
e） 视频图像显示：可显示各下级管理部门上传的视频图像（包括监控和收费图像）以及存储的视频图像，每路视频图像均按本标准中附录 B 的要求叠加相关信息。
f） 省监控中心计算机网络信号显示：包括计算机输出的画面。
g） 其他信息显示：可显示省监控中心其他相关部门与管理有关的信息。
h） 能适度地显示相邻省市或相关高速公路网的交通状况，以便于在路网内某段路出现交通阻塞、事故时，可根据附近路网的交通运行状况进行路网统一监控和疏导。

6.1.5 日常调度管理

省监控中心能根据省监控调度管理的需要，对日常的调度管理工作提供完善的业务处理功能，主要功能包括：

a） 各路段、相关领导通讯簿管理、查询功能。系统能方便地查询相关机构、个人的联系方式。
b） 短信群发功能。系统可以对短信群组、短信模版进行管理，并发送短信。
c） 系统提供日常交接班、日常信息处理、日常事件登记等台账记录功能。
d） 系统提供各路段情报板信息查询及发布功能。情报板信息发布功能一般情况下不使用，只有在紧急情况下使用。正常情况下可以通知各路段监控（分）中心发布。
e） 系统提供调度电话的接入、录音、多方通话功能。
f） 调度信息管理功能。

6.1.6 内部信息发布

省监控中心具备内部信息发布功能。主要功能包括：

a） 系统基本编码维护功能。省监控中心对全网所有设备进行统一编码、统一规划，此类编码各路段监控（分）中心不可以进行修改、删除等操作，设备编码参考附录 C 的要求。
b） 系统业务基本信息维护功能。系统对省监控中心提供全网相关路网的连接关系、枢纽互通信息等维护功能。
c） 系统提供联网调度管理信息的发布功能。系统可以对所有管理公司统一下发最新的管理信息，管理信息可以分为公告、通知等类别。
d） 各路段基本数据维护功能。各路段监控（分）中心可以对管辖范围内的所有收费站、服务区、外场硬件设备信息（如设备名称、位置、厂商、型号、特殊功能信息等）进行维护。
e） 周边路段路况信息查询。各路段监控（分）中心可以便捷地查询到周边路段的路况信息、交通管制、养护施工作业、交通拥挤等信息。
f） 调度管理信息发布功能。省监控中心在紧急事件时，可以将调度、处置预案及时发布给相关的路段，以便多路段联动处置。
g） 统计、查询分析功能。系统对省监控中心提供各种涉及交通流量、道路通行状况、全网设备故障汇总情况、事故汇总情况等的查询或图形展示功能。

h) 权限管理功能。系统对各种操作功能进行合理的权限控制，防止数据或功能的非正常泄露。各路段监控（分）中心管理员可以管理本路段的使用人员，省监控中心管理员可以管理本单位内人员以及各路段监控（分）中心人员。
i) 日志审计功能。系统对各种影响系统数据或安全的日志进行记录，确保事后可以稽查。

6.1.7 应急指挥管理

应急指挥管理功能是省监控中心的重要职能之一。系统监测各路段监控（分）中心管理区段的交通控制，尤其是在出现重大交通事件、环境条件比较恶劣、周期性交通堵塞等异常情况影响到多条路段时，省监控中心在省级路网中心的指挥下可协调各路段的交通流控制，保证整个路网的安全畅通，提高应急指挥管理水平。

省监控中心能根据采集的数据、视频，进行分析处理后，得出全省高速公路拥挤度状态，为高速公路管理提供决策依据。

应急指挥管理功能包括：

a) GIS 地图展示。对全省的高速公路路况、主要外场设备等在地图上显示，具体内容参考附录 D 地理信息技术联网要求。
b) 预案处理责任人管理。对于不同紧急事件的级别，需要通知到不同的责任人员，系统可以自动与短信平台联动，使得紧急事件及时传达。
c) 预案管理。由于预案的牵涉面很广，一般需要涉及多个路段公司、多个相关单位（路政、消防、救护等），且各种紧急事件的类型各不一样，对道路安全、道路财产的影响程度各不一样。系统需要对各个子项进行整理细化，并逐渐形成较完善的预案库。预案管理的功能主要包括：预案录入、预案查询、预案编辑、预案删除等。而预案的内容主要包括：紧急事件信息、道路影响信息、道路安全信息、任务内容信息、相关处置单位信息等。
d) 预警管理。系统实时分析采集到的业务数据，并对其进行分析。对于恶劣天气、道路拥堵、大面积施工作业、交通管制、外场设备故障等进行系统自动预警，提醒监控中心人员注意。预警信息可以通过人为干预来解除。
e) 预警级别依据突发公共事件可能造成的危害程度、紧急程度和发展势态，一般划分为四级：Ⅰ级（特别严重）、Ⅱ级（严重）、Ⅲ级（较重）和Ⅳ级（一般），依次用红色、橙色、黄色和蓝色表示。预警信息包括突发公共事件的类别、预警级别、起始时间、可能影响范围、警示事项、应采取的措施和发布机关等。预警信息的发布、调整和解除可通过广播、96777 热线、信息网络等方式进行。
f) 指挥管理功能。系统及时提供事件周围的摄像机信息，并可以随时调用其中的录像或实时视频，必要时可以对其外场云台进行实时控制。省监控中心可以对相关的可变情报板进行控制，发布分流或提醒信息，同时省监控中心可以将分流信息分发给 96777，使得信息发布更迅速。省监控中心可以通过给各个相关收费站发送指令，限制车辆的进入。

6.1.8 视频图像管理

视频图像管理功能如下：

a) 省监控中心将各路段监控（分）中心上传的视频、省内相关地理信息图像等进行直接显示和拼接显示。
b) 省监控中心能调看全省各级管理部门的视频录像信息。
c) 各省级高速公路管理和业务部门，只要具备访问条件和访问权限，均可通过网络访问视频信息。
d) 省监控中心能通过事件联动功能对特殊情况进行监视。

e) 省监控中心视频管理权限高于其他下级管理部门。

6.1.9 公众信息服务功能

省监控中心具备公众信息服务功能。公众信息服务功能实现可借助互联网站、呼叫中心、广播电视、车载终端、移动终端、道路沿线信息发布设施等多种手段，信息内容满足社会公众对“出行前”和“出行中”不同阶段的需求。公路出行信息服务包括以下内容：

6.1.9.1 公路基础信息服务

公路基础信息服务主要提供公路基本信息、服务设施信息和附属设施信息等查询。公路基本信息包括编号、名称、里程、起止点、途经地市、主要技术指标（技术等级、车道数、路面类型、限高）等；公路服务设施信息包括服务区、加油站、维修站、停车场、紧急电话等的名称、类型和位置信息；公路附属设施信息包括收费站、收费标准、出入口、立交桥、隧道、桥梁等的名称和位置信息。

6.1.9.2 公路交通气象服务

为出行者提供不同地区和主要道路沿线的气象状况及预报预警。当发生对公路交通影响较大的雨、雪、雾等不利气象时，可通过道路沿线发布设备、出行网站发布图形化示意、图片和发送手机短信等形式，对出行者给予必要的提示。

6.1.9.3 路况信息服务

路况信息服务主要包括公路养护施工、高速公路封闭、交通流量状况、突发事件等信息的发布与查询。路况信息主要指自动和人工采集的交通运行状态和公路交通阻断事件信息等。

6.1.9.4 路径规划服务

主要为自驾车出行者提供通行里程、通行费用等信息查询服务，同时以本地区骨干交通网络为基础，提供基于最小距离、最短时间或最少费用的静态路径规划服务，为用户提供出行参考。

6.1.9.5 其他信息

除以上基本信息外，各级交通管理部门可根据各自数据掌握情况提供相应的信息服务。

6.1.10 信息共享

省监控中心作为省内高速公路重要的交通资源共享平台，可实现对交通管理相关部门内部信息发布功能，实现相关业务部门共享高速公路运行状态信息，提高运营管理、应急救援水平。

6.1.11 统计查询

可统计和查询交通运行、隧道环境指标、各种事件事故、发布命令、设备工作状态等报表。

6.1.12 数据备份和系统恢复

数据备份和系统恢复功能如下：

a) 省监控中心数据采取异地数据备份。
b) 系统具有数据自动备份功能。系统能实时自动将重要数据进行备份，一旦系统受到破坏，可以尽快恢复系统运行。
c) 系统具有数据手动备份功能。当系统出现问题时，操作员可以手动进行原始数据的备份工作，并且备份数据的内容可以选择。
d) 数据备份的介质可以有多种选择，如硬盘备份、光盘备份、磁带机备份等。
e) 省监控中心数据、视频保存要求如下：
    1) 省监控中心计算机软件能自动完成系统每日的数据分类存储、备份及重要文件的存档。带有时间、工作人员记录，以便在需要时可复制每日的数据或调出历史数据进行各项分析处理工作。

2） 省监控中心计算机软件能保存带图片（如异常事件的发生地有摄像机可由视频控制计算机抓拍图片，并与异常事件信息一起保存；如果发生地没有摄像机，则不作要求）的异常事件记录。

3） 省监控中心将存储设备保存的视频图像分类保存，并带有录制时间、录制地点、录制人员等信息。一般视频数据保存的时间不少于30d，事件视频数据保存时间不少于1年。重要的视频图像数据能通过光盘刻录机刻录，并应用标签分类保存，标签应带有刻录时间、刻录人员、刻录内容、刻录地点等信息。

4） 省监控中心计算机系统能对上传原始监控数据至少保存3年，上传处理后监控数据至少保存5年，并在每年的年终形成报表后提醒值班员，手动将数据导出，通过光盘刻录机存入光盘，分类保存，在光盘上标注光盘记录的内容、刻录时间、刻录人员等信息。

6.1.13 系统设备管理

省监控中心具有对本系统的软、硬件等进行管理的功能，以及通信自动检测和故障报警功能。系统可对网内各种设备的故障情况进行管理，并可以给相关路段监控（分）中心负责人员发送故障维修单，促成系统故障的解决。系统可以形成设备故障维修情况反馈表。通过此模块，省监控中心相关人员可以实时了解设备故障的处理情况。

6.1.14 系统安全

为保证系统安全，监控系统软件具备容错、自诊断、纠错功能以及抗病毒、抗攻击能力，防止对数据的非法访问。设立分级保密数据安全体制，保证数据安全可靠。

a） 系统对不同层次和职责的人员，分别设置不同的访问操作使用权限，设置不同的操作口令和密码，防止越权存取和修改，保障数据的完整性。

b） 系统具有数据保护功能。系统的任何操作都被记录在日志文件系统（包括存储操作、打印操作、登录等），防止操作人员抵赖自己曾做出的行为，从而保护系统的安全性。

c） 系统具有详细的系统日志，记录每个操作人员的每次活动（访问时间和访问的数据、设备信息等），以及系统出错信息和配置修改信息。

d） 为保护省监控中心系统的安全，在省监控中心局域网与外界之间、省监控中心内部设置有网络安全与管理系统。

6.2 路段监控（分）中心系统功能

6.2.1 总则

路段监控（分）中心管理范围内的隧道、桥梁，如设置有基层管理单元，则路段监控（分）中心接收基层管理单元上传的视频、数据信息；如隧道、桥梁直接由路段监控（分）中心管理，则路段监控（分）中心系统应增加基层管理单元的功能。路段监控（分）中心与相邻路段监控分中心进行信息交换。路段监控（分）中心具备以下基本功能（但不限于此）。

6.2.2 信息采集

路段监控（分）中心采集的信息包括（不限于此）：

a） 采集交通流信息，如交通量（分大、小车类别）、速度、车行方向等。

b） 收集道路沿线气象检测器所采集的气象信息。

c） 采集外场设备、管理部门设备的工作反馈信息，其中摄像机及其配套设备产生的反馈信息包括工作正常、断电、通信失败、云台故障等。

d） 接收和记录 96777 的救援和投诉信息。

e） 接收管辖范围内的视频图像，并能实现切换控制。

f） 接收并记录巡逻车或其他信息渠道报告的路上交通信息或事件。

g） 接收下级管理部门上传的信息（主要包括各设备工作状态、各设备采集信息、异常事件信息、控制预案等处理结果信息）。

h） 采集收费系统交通量（分车型）、车道工作状态等信息。

i） 接收省监控中心的指令。

j） 操作员输入的事件、事故信息（重大灾害事件、交通事件、日常事件）；对发生的每一事件的详细情况，如时间、地点、伤亡人员状况、持续时间均需记录在案，对每一类事件采取的措施、处理方法、值班员号码也同时输入计算机。

6.2.3 数据处理

路段监控（分）中心对采集的信息进行分析处理，能够实现以下功能（但不限于此）：

a） 对路网运行状态进行判断，并通过人机界面报警。

  1） 处理车辆检测器提供的各种信息，以判断交通状况，是否交通堵塞或拥挤。

  2） 处理外场气象（含能见度）检测值，判别门限值是否超标。

  3） 根据事件检测处理结果，判断交通事件发生情况。

  4） 根据人工报警（包括巡逻车、监控大厅值班视频监视等）的信息，判断交通事件情况。

b） 根据路网运行状态判断结果，生成交通处置方案。

c） 根据接收下级管理部门上传的信息，判断是否需要对管理范围内的路网进行协调控制，并产生相应执行预案。

d） 系统运行状态的判断，即系统运行正常与否的实时自诊断功能。

e） 交通信息和各类报表的统计、查询和打印功能，如各种外场设备数据报表、事故事件报表、发布命令记录报表、设备工作状态报表等。

6.2.4 信息显示及发布

a） 在监视器上显示管理区段的视频图像，当有警报发生时自动切换现场画面在监视器上显示（重大事件应有声音报警），并进行视频存储。

b） 在大屏幕显示系统上动态显示每一区段交通和隧道运行状态、设备工作状态和报警位置及各种图表报告等。

c） 当出现交通异常事件时，及时发布相关交通信息，保障高速公路的安全畅通。

6.2.5 视频管理

a） 能够实现对上传视频图像进行切换、控制、显示。

b） 能实现对所有上传图像进行存储。

c） 能通过通信系统访问管理范围内各管理部门存储的所有视频信息。

d） 能通过事件联动功能对特殊情况所处地的视频图像进行切换显示。

e） 视频控制权限高于基层管理单元。

f） 接收上级管理部门下发的视频控制指令，并完成切换、控制。

g） 与上级部门的视频联网，参见《江苏省交通视频监控系统联网技术要求》。

6.2.6 交通管理与应急处置

在正常情况下，计算机综合分析交通和环境等指标状况后，根据系统内已配备的控制方案，对全线实行自动控制：

a） 根据高速公路管理范围，制订详细、具体、可行的应急救援预案。

b） 具备应急联动控制功能，根据信息处理结果，产生系统联动方案，并能正确联动执行。

c） 通过紧急电话、巡逻车、摄像机等手段获得主线区段紧急情况发生时的状况并上报分中心，分中心计算机根据输入事件产生的位置或种类，产生相应的控制方案，下发相应的控制命令到外场设备（包括互通区有线广播、情报板等），甚至通知收费站、消防、医疗、公安交通管理、抢险等部门。

d） 接收并执行上级管理部门下发的指令，对所辖路段进行管理。

e） 隧道、特大桥等特殊路段监控系统，除具备常规监控功能外，还具备通风控制、照明控制和消防控制等功能。

f） 在异常事件的处置方案中，除设备的指令集直接下达外，还制订一整套辅助的救援预案，并根据预案制订相应的监控方案。

g） 下达控制指令，包括时钟同步、状态控制、设备门限值、操作方式、控制预案等。

6.2.7 与省监控中心数据通信

主要负责与省监控中心的数据通信（视频传输部分不包括在内），主要功能要求如下：

a） 负责与省监控中心进行数据交互。

b） 具有较完善的数据确认机制，有效杜绝数据的漏传、误传。

c） 具有较有效的数据校验机制，避免因网络原因造成的数据损坏对系统造成影响。

d） 具有完善的数据重传，以及重传请求机制。

e） 可以实现外场设备采集记录的实时传输。

f） 能接收省监控中心下发的控制信息，并通过相关软件或设备实现下发控制信息。下发的控制信息主要有：情报板控制信息、数据重新传输信息、时间同步信息。

6.2.8 系统设备管理

具有对本系统的软、硬件等进行管理的功能，以及通信自动检测和故障报警功能，并在发生故障时自动采取必要的措施，如通过用户接口向值班员发出报警信息。

6.2.9 系统安全

a） 系统对不同层次和职责的人员，分别设置不同的访问操作使用权限，设置不同的操作口令和密码，防止越权存取和修改，保障数据的完整性。

b） 系统具有数据保护功能。系统的任何操作都被记录在日志文件系统（包括存储操作、打印操作、登录等），防止操作人员抵赖自己曾做出的行为，从而保护系统的安全性。

c） 系统有详细的系统日志，记录每个操作人员的每次活动（访问时间和访问的数据、设备信息等），以及系统出错信息和配置修改信息。

6.3 基层管理单元系统功能

6.3.1 总则

基层管理单元系统功能除了包括与路段监控（分）中心信息采集、数据处理、视频管理功能一致以外，还包括交通管理与应急处置、系统自诊断、系统安全等功能。具体功能如下：

6.3.2 交通管理与应急处置

a） 接收并执行上级管理部门下发的指令。

b) 具备应急联动控制功能,能根据信息处理结果,产生系统联动方案,并能正确联动执行。

c) 在紧急情况下(如交通阻断事件),管理计算机可根据数据处理结果[紧急情况下,数据能同时传到监控(分)中心],一方面向操作员报警,另一方面迅速向操作员显示相应的控制方案,待操作员根据巡逻车、紧急电话、摄像机等确认或修正后,再下发控制指令(包括通知消防、医疗、公安交通管理、抢险部门),完成控制功能。

d) 隧道发生火灾时自动报警,自动执行火灾控制方案(交通控制、照明、通风设施),显示火灾发生的区段与地点,自动将视频画面切换到火灾区域,同时对火灾区域的视频进行录像。隧道火灾控制优先级最高。

e) 隧道照明控制分自动和手动。自动控制可根据洞外光强检测器检测的光强度,自动切换洞内照明等级;也可根据时间段进行自动控制。手动控制在隧道主本地控制器的触摸屏上或隧道管理站进行。

f) 隧道 CO 浓度和能见度 VI 超过设定的门限值(门限值可以在系统运行过程中加以优化)时,自动报警,风机逐组启动,交通控制设施一起动作,包括显示隧道交通状况、关闭隧道和对已进入的车辆进行引导。

6.3.3 系统自诊断

隧道、桥梁管理系统具有对本系统的软、硬件等进行管理的功能,以及通信自动检测和故障报警功能,并在发生故障时自动采取必要的措施,如通过用户接口向值班员发出报警信息。

6.3.4 系统安全

系统安全功能如下:

a) 系统对不同层次和职责的人员,分别设置不同的访问操作使用权限,设置不同的操作口令和密码,防止越权存取和修改,保障数据的完整性。

b) 系统具有数据保护功能。系统的任何操作都被记录在日志文件系统(包括存储操作、打印操作、登录等),防止操作人员抵赖自己曾做出的行为,从而保护系统的安全性。

c) 系统有详细的系统日志,记录每个操作人员的每次活动(访问时间和访问的数据、设备信息等),以及系统出错信息和配置修改信息。

7 系统构成及设置规模

7.1 系统构成

7.1.1 高速公路监控系统由省监控中心系统、路段监控(分)中心系统、基层管理单元系统以及监控外场设施构成。

7.1.2 各级监控系统主要由监控计算机系统、视频监控系统、屏幕显示系统、网络安全与管理系统、交通地理信息系统以及附属设施等构成。

7.1.3 为实现数据丢失后或系统故障、系统崩溃后数据的及时恢复和系统重建,省监控中心设置数据灾备中心,且数据灾备中心与省监控中心异址设置。

7.2 监控系统网络

7.2.1 监控系统网络结构充分考虑管理体制和系统构成,省域监控系统网络统筹规划,网络结构分层搭建。

7.2.2 监控系统网络规划、设计和实施遵循先进性与实用性、可靠性与安全性、经济性与可扩展性相结合的原则,采用开放式的网络体系结构。

7.2.3 各级监控中心结合监控系统规模和系统结构建立全面的网络安全体系，防止病毒、内外部人员的恶意攻击和入侵，保障数据的安全性和完整性。

7.3 省监控中心系统构成

7.3.1 省监控中心至少设置以下系统：

a) 计算机系统：能实现全省高速公路网交通综合监控及各类数据信息的存储、查询和应用；系统由监控数据库服务器、磁盘阵列等数据存储设备、各类应用服务器、核心交换机、各类监控业务工作站、打印机等构成。

b) 视频监控系统：能实现全省高速公路网视频图像的综合监控；系统由视频管理服务器、视频查询服务器、视频交换机、网络视频编码器、网络视频解码器、视频监控工作站、视频存储设备、组合式监视器墙、视频查询工作站、桌面监视器等构成。

c) 屏幕显示系统：能实现全省高速公路网视频、数据信息的综合显示；系统由显示屏、多屏拼接控制器、多屏拼接控制工作站等构成。

d) 交通地理信息系统：能实现全省高速公路网交通地理信息系统数据库的建立、查询、检索及其他各类综合应用功能等；系统由 GIS 数据库服务器、应用服务器、工作站、打印机等构成。

e) 信息发布系统：能实现全省高速公路网各类面向公众的综合服务信息的对外发布；系统由数据库服务器、各类应用服务器和工作站构成。

f) 内部信息服务系统：能实现高速公路基本信息、调度指挥相关信息对各监控（分）中心的信息共享；系统由数据库服务器、应用服务器和工作站构成。

g) 应急救援指挥系统：能实现对重大交通事件的应急救援和指挥；系统由前端设备（包括视频、语音、数据）、车载系统、传输系统（包括无线传输）、管理终端等构成。

h) 网络安全与管理系统：能实现省监控中心系统的网络管理和安全管理；系统由网络管理服务器、安全管理服务器及相应的管理工作站等构成。

i) 数据交换系统：能实现与部、省级路网中心的数据交换；系统由接入控制系统、软件和安全认证系统构成。

j) 附属设施：主要由 UPS 电源系统、精密空调系统、机房配电系统、防雷接地系统、综合控制台等构成。

7.3.2 省监控中心根据本省高速公路运营管理实际情况，选择设置以下子系统（但不限于此）：

a) LED 室内显示系统。

b) 综合环境管理系统：一般包括门禁管理系统、环境监测系统、背景广播系统等。

c) 三维实景交通地理信息系统：由三维实景数据平台（影像数据、航拍数据、实采数据等）、三维交通地理信息系统平台、三维交通地理信息系统应用系统以及服务器、操作系统、数据库软件等组成。

7.3.3 交通地理信息系统和公众信息服务系统由省监控中心统一实施。

7.4 路段监控（分）中心系统构成

7.4.1 路段监控（分）中心至少设置以下系统：

a) 监控计算机系统：能实现所辖路段交通综合监控及各类数据信息的存储；系统由监控服务器、以太网交换机、各类监控业务工作站、网络安全工作站、打印机等构成。

b) 视频监控系统：能实现所辖路段视频图像的综合监控；系统由视频切换控制设备、视频管理服务器、视频交换机、网络视频编码器、网络视频解码器、视频监控工作站、视频存储设备、组合式监视器墙、桌面监视器等构成。

c) 屏幕显示系统：能实现所辖高速公路视频、数据信息的综合拼接显示；系统由显示屏、多屏拼接控制器、多屏拼接控制工作站等构成。

d） 附属设施：由 UPS 电源系统、机房配电系统、防雷接地系统、综合控制台等构成。

7.4.2 路段监控（分）中心可根据所辖高速公路运营管理实际情况，选择设置以下系统（但不限于此）：

a） 交通地理信息系统：能实现所辖高速公路交通地理信息系统数据库的建立、查询、检索及其他各类综合应用功能等；系统由 GIS 数据库服务器、应用服务器、工作站、打印机等构成。

b） 信息发布系统：能实现所辖高速公路各类面向公众的综合服务信息的对外发布；系统由数据库服务器、各类应用服务器和工作站等构成。

c） 地图板系统：能实现所辖高速公路主要数据信息的综合显示；系统由地图屏、控制设备和控制工作站等构成。

d） LED 室内显示系统。

e） 综合环境管理系统：一般包括门禁系统、环境监测系统、背景音乐系统等。

7.5 基层管理单元系统构成

7.5.1 基层管理单元至少设置以下系统：

a） 计算机系统：能实现所辖隧道、桥梁交通综合监控及各类数据信息的存储；系统由监控服务器、以太网交换机、各类监控业务工作站、打印机等构成。

b） 视频监控系统：能实现所辖路段所有视频图像的综合监控；系统由视频切换控制设备、视频管理服务器、视频交换机、网络视频编码器、网络视频解码器、视频监控工作站、硬盘录像机、视频存储设备、组合式监视器墙、桌面监视器等构成。

c） 附属设施：由 UPS 电源系统、机房配电系统、防雷接地系统、综合控制台等构成。

7.5.2 隧道管理系统可根据所辖隧道长度、交通量以及运营管理实际情况，选择设置以下系统（但不限于此）：

a） 屏幕显示系统：能实现所辖隧道视频、数据信息的综合拼接显示；系统由显示屏、多屏拼接控制器、多屏拼接控制工作站等构成。

b） 地图板系统：能实现所辖隧道主要数据信息的综合显示；系统由地图屏、控制设备和控制工作站等构成。

c） LED 室内显示系统。

d） 综合环境管理系统：一般包括门禁系统、环境监测系统、背景音乐系统等。

7.5.3 桥梁管理系统可参照隧道管理系统构成建设。

7.6 监控外场设施构成

7.6.1 监控外场设施由道路沿线监控外场设备和隧道监控设备构成。

7.6.2 沿线监控外场设备主要包括信息采集设备、信息发布设备、视频监控设备以及其他设备等。

a） 信息采集设备主要包括车辆检测器、能见度检测器、气象检测器、事件检测设备等。

b） 信息发布设备主要包括大型可变信息标志、小型可变信息标志。其中，大型可变信息标志包括天棚信息标志及门架式可变信息标志；小型可变信息标志包括立柱式可变信息标志、悬臂式可变信息标志以及服务区信息发布标志。

c） 视频监控设备包括沿线外场摄像机等。

d） 其他设备包括路侧广播系统、出口诱导灯、超速抓拍设备等。

7.6.3 隧道监控设施一般包括监测设施、控制和诱导设施。监测设施一般由车辆检测设施、环境检测设施、视频监视设施和报警设施组成；控制和诱导设施包括紧急呼叫设施、信息发布及控制设施和本地控制设施等。

a） 车辆检测设施包括车辆检测器、超高检测器、车温探测器、危险品探测器等。

b) 环境检测设施一般包括光强检测器、一氧化碳/能见度检测器、风速风向检测器等。

c) 视频监视设施主要包括带云台彩色摄像机、固定摄像机等。

d) 报警设施一般包括紧急电话、视频事故事件检测器、火灾检测器(含火灾报警按钮)、声光报警器等。

e) 信息发布及控制设施包括车道控制标志、交通信号灯、大型可变信息标志、小型可变信息标志(包括小型立柱式可变信息标志、悬臂式可变信息标志、隧道内可变信息标志)、可变限速标志、洞口栏杆机、电光诱导标志等。

f) 本地控制设施包括本地控制器及交换机等。

7.7 设置规模

7.7.1 监控系统规模主要包括各级基本结构、沿线监控外场、隧道监控、避险车道监控、特大桥监控等设备规模。

7.7.2 监控系统设备配置规模依据 JTG B01—2003 第 9 章规定的设计原则制定,高速公路交通工程及沿线设施的监控系统等级采用 JTG B01—2003 表 9.0.2 规定的 A 级。

7.7.3 监控系统的设计交通量采用该高速公路主体工程的预测交通量。

7.7.4 监控系统设备配置所依据交通量符合表 1 的要求。

表 1 监控系统设备配置所依据交通量

设 备 配 置	依 据 交 通 量
监控系统机电设备及其外场设备基础	预测的第 5 年交通量
管道及桥梁、隧道等构造物区段的基础、洞室	预测的第 20 年交通量

7.7.5 管理架构监控设备配置、沿线监控外场设备配置、隧道监控设备配置、避险车道监控设备配置以及特大桥监控设备配置参考交通运输部《高速公路监控技术要求》。

8 系统软件

8.1 一般规定

8.1.1 联网监控区域内采用符合本标准要求的监控应用软件。

8.1.2 监控系统软件要求可根据各路段情况进行调整,以适应本路段管理的实际需求。

8.1.3 各级监控系统之间的网络通信必须遵循统一的约定,采用国际通用的 TCP/IP 网络通信规约。

8.1.4 各级监控软件系统的设计和选型符合"简单、自然、友好、一致"以及坚持图形用户界面(GUI)的设计原则,以此保持友好的人机界面,以便于监控系统各等级用户互复用和操作,增强监控软件系统的易用性。各级监控软件可采用 B/S 架构或 B/S 和 C/S 相结合的架构。

8.1.5 软件编制过程中遵循各级管理软件之间的传输约定,确保各级监控软件之间的信息互通。

8.1.6 监控系统软件具备有效性、可靠性、可理解性、可维护性、可适应性、可移植性、可追踪性、可互操作性、可扩充性和模块式结构,并且满足用户需求。

8.2 基本要求

8.2.1 监控系统数据格式采用本标准要求的统一格式,按照附录 E 的规定;数据满足一致性、准确性、完整性和不可抵赖性等要求。

8.2.2 监控系统应用软件模块至少包括本标准规定的模块,各级监控系统可根据自身特点增加其他模块。

8.2.3 各级监控系统软件之间的数据传输均确保其数据的有效性，各级监控系统软件加强对数据整理和数据传输的监控。

8.2.4 根据监控系统软件的内容，系统采用定期更新和实时更新相结合的原则进行数据更新与维护，其中需要实时更新的数据主要为各外场设备采集数据，定期更新的数据主要是接收下级上传数据。

8.2.5 系统建立数据及系统更新维护日志，包括更新维护内容、更新时间、操作人员、操作实施时间等内容。

8.2.6 操作系统具备高水平的系统、网络和事务安全功能；具有多任务处理能力；具备内存管理和系统管理功能；提供多级系统容错能力。

8.2.7 监控系统软件应用数据库满足下列要求：

a) 数据库的选型从数据库可用性、平台支持情况、数据库性能、管理难易程度、应用程序开发、硬件系统支持等多方面进行综合考虑。
b) 具有系统参数配置功能，包括网络参数、拥挤度参数及报警界限等。
c) 具有数据库历史记录备份服务功能。
d) 具有数据库灾难性恢复服务功能。
e) 具有日常维护和系统管理功能。
f) 数据库的安全性和用户管理功能。
g) 易于使用和维护。
h) 具有系统对时设定服务功能。

数据库管理系统统一选型，选择符合现行相关标准的数据库，满足监控联网的发展要求。

8.2.8 由于各级监控系统软件多存在开发环境不同、开发后台不同的情况，因此在省级范围内监控联网过程采用中间件技术，实现监控系统跨平台、跨操作系统之间的数据交换。中间件具备安全性、鲁棒性、开放性、可扩展性、高性能和可管理性。

8.2.9 联网监控系统使用的交通地理信息平台具有如下特性：

a) 先进性和实用性。平台必须满足先进性和实用性并重的要求，所选 GIS 平台在交通行业（或类似）需有应用。
b) 对标准与规范的支持。支持 OpenGIS 的数据模型规范；支持开放地理信息联盟 OGC 的地理信息服务相关规范，如 WMS、WFS、WCS，从而实现分布式、异构、多源、复杂网络情况下的跨 GIS 平台的数据共享。
c) 对 Web 图形应用的支持。
d) 支持面向网络服务的开放 Web GIS 平台，提供海量图形数据的分层分布式部署、异步传输和图形数据缓存技术，满足海量数据的快速浏览。
e) 数据方面的要求。支持国家标准空间数据格式；国家干线公路网的空间数据和属性数据属于国家涉密数据，要防范数据泄密，遵循《中华人民共和国测绘法》的要求；国家干线公路网图形和空间地理数据属于海量数据，GIS 平台需要支持这种海量数据的实时调度。
f) GIS 平台可定制性与可持续性。GIS 平台必须随时能提供实时的可定制功能需求，同时要具备后续的技术支持和发展潜力，如可编辑和维护网络拓扑关系，具备灵活的图形编辑与捕捉功能等。

8.2.10 联网监控系统软件的开发。

提供整套软件程序的详细框图、源程序；软件中的注释代码量不少于总代码量的 10%。提供的软件文档至少包括：

a) 软件需求说明书。
b) 详细设计说明书。
c) 数据库设计说明书。

d) 用户手册。

e) 操作手册。

f) 软件安装说明书。

g) 项目开发总结报告。

8.3 联网监控系统软件通用模块

8.3.1 系统维护管理模块

本模块具有程序运行参数配置、数据维护和操作日志记录功能,具有网络流量监测和计算机状态查询功能。

a) 运行参数配置:包括系统启动参数设置、文件存储目录设置、系统定时、数据库连接参数设置等,主要是对系统运行配置性文件进行调整。

b) 数据维护功能:包括系统数据备份、历史数据导入等功能。

c) 操作日志记录:由于本系统涉及多条高速公路联网运营,因此需对相关操作进行记录,保证系统行为的可追查性。

d) 网络流量监测:对各级系统网络进行流量监测,当系统出现异常情况时,可及时提醒相关人员,从而确保系统的正常运转。

e) 计算机状态查询:系统可以通过网络查询相关网络设备的运行状态,同时对其配置参数进行调整。

8.3.2 数据通信管理模块

对本级与上下级之间数据传输过程进行跟踪;当发生错误时,可自行重新进行传输。

8.3.3 数据处理模块

数据处理采用国家或行业等有关标准,要求准确、及时和高效。系统支持信息的转换、录入、排序、计算、分析和比较等。

8.3.4 信息显示模块

具备信息显示功能,可将接收到的视频、图片、文字等信息,在指定的时间和指定的设备上进行显示。

8.3.5 地理信息管理模块

提供相关工具或信息导入机制完成本级管辖路网范围内地理信息资料的更新。

8.3.6 权限管理模块

包括权限设置、用户身份和用户账号的统一管理功能。

8.3.7 报表统计打印模块

具备打印普通报表和自定义报表的功能;在报表打印之前,具有报表预览功能。

8.3.8 数据查询模块

支持对实时数据和历史数据进行查询,同时可将查询结果直接进行打印。提供用户可自选的组合式查询模式。

8.3.9 图形处理模块

具备对图形的基本处理功能。

8.4 省监控中心软件模块

8.4.1 联网软件基础编码模块

省级监控软件提供一套用于全省的编码定义标准,包括路网代码、路段代码、管理部门代码、设备代码等;同时,各级监控管理部门严格执行监控软件的基础编码标准。

8.4.2 信息汇集模块

实时汇集各下级机构[路段监控(分)中心]上传的相关数据信息。

8.4.3 视频管理模块

提供数字视频图像参数设置、数字视频图像录像、数字视频图像查看、远程视频控制功能。
可对下级上传视频信号进行监视,同时实现对相应信号源进行控制。

8.4.4 交通监测模块

提供对全省路网运行状态进行实时监测的功能,并可根据要求,显示特定路况的实时信息。

8.4.5 应急预案模块

提供可预先制订针对全省路网范围应急事件处置预案的功能。

8.4.6 应急事件处置模块

当突发事件发生后,系统可根据事件等级和类型,依据相应的处理预案,启动相应的应急事件处理程序。

8.4.7 公众信息发布模块

提供公众信息整理、发布、更新的功能。
支持将汇集到的公众信息进行分类整理,并可及时更新至数据库。

8.4.8 内部信息服务模块

提供各路段监控(分)中心信息的整理、发布、更新功能;能实现高速公路基本信息、调度指挥相关信息对各路段监控(分)中心的信息共享与互动。

8.4.9 气象监测模块

实时接收或采集全省公路气象信息,进行气象信息处理和对外发布,并参考路网上各路段的历史气象监测记录,进行全省路网范围内的气象监测和预警,最大限度地提高路网通行能力和服务水平。

8.4.10 数据交换模块

满足省监控中心与省级路网中心进行数据交换和互操作的要求,并符合交通运输部《公路网运行监测与服务暂行技术要求》的有关规定。

8.4.11 设备管理模块

能对省监控中心及管理范围内的设备进行统一管理。

8.5 路段监控(分)中心软件模块

8.5.1 信息采集模块

a) 系统提供实时收集各外场设备或基层管理单元上传数据信息的功能。
b) 系统提供与外场设备之间的通用接口程序。
c) 各路段监控(分)中心监控软件应编制中心软件和外场设备之间的通用接口,同时开发针对不同设备的驱动模块,从而确保更换外场设备不会造成中心软件的整体调整。

8.5.2 信息上传模块

a) 系统提供实时信息整理、上传的功能。
b) 路段监控(分)中心需将接收到的实时数据进行整理,在确认相关数据的完整性后发送至上级管理部门。

8.5.3 信息发布模块

系统提供对外场显示设备进行信息编辑、信息查看、信息发布的功能。

8.5.4 视频控制模块

a) 系统提供数字视频图像参数设置、数字视频图像存储、数字视频图像查看、远程视频控制、远程视频控制权限查看功能。
b) 系统提供调看历史图像的功能,含数字视频图像和模拟视频图像。
c) 监控系统软件对视频的控制及存储方式满足省内基本结构的需求。

8.5.5 交通监测模块

a) 系统提供对本路段运行状态进行实时监测的功能,并可根据要求,显示特定路可实时信息。
b) 监控系统综合本中心接收的相关信息,通过整理分析,确定本路段的交通状况,及时将相关路网信息发送至上级管理部门。

8.5.6 应急预案模块

a) 系统提供可预先制订针对本路段范围应急事件处置预案的功能。
b) 监控系统根据上级管理部门的要求,确定适用于本路段范围内的应急事件处置预案。

8.5.7 应急事件处置模块

a) 当突发事件发生后,系统能根据事件等级,依据相应的处理预案,启动相应的应急事件处置预案。
b) 各路段监控(分)中心需根据省内的统一要求,明确适用于本路段不同等级应急事件的处置程序。

8.5.8 事件信息记录模块

a) 系统提供事件信息输入、查询、打印的功能。

b) 监控系统真实记录本路段范围内发生的交通事件,包括时间、地点、事件描述、事件等级以及相应的处理措施。

8.5.9 气象监测模块

对本路段气象信息进行采集、处理和发布,并将气象监测和预警信息及时上传至上级中心。

8.5.10 设备管理模块

能实现对路段监控(分)中心及管理范围内的设备进行管理。

8.5.11 时间同步模块

采用与联网监控系统相同的时间同步软件,与省监控中心保持时间同步,时间误差在1s以内。

8.6 基层管理单元软件模块

基层管理单元软件模块除了包含信息采集模块、信息上传模块、信息发布模块、视频控制模块、应急预案模块、应急事件处置模块、事件信息记录模块等,还包括以下功能模块。

8.6.1 本地控制模块

a) 系统提供远程设备数据下载、远程数据上传、设备状态检测功能。

b) 依据交通运输部颁发的隧道机电系统设计相关规范要求,隧道内信息收集主要是通过设置于隧道内部的 PLC 进行。隧道管理站监控系统软件实现对管辖范围内的本地控制设备远程维护的功能。

8.6.2 隧道通行控制模块

a) 系统提供特殊状态下隧道通行控制的功能。

b) 隧道管理站监控系统软件预先设定隧道在不同运营状态的隧道通行控制方式,同时系统提供对相关通行标志(包括车道控制器和交通信号灯)的手动控制功能。

8.6.3 紧急电话系统控制模块

a) 系统提供紧急电话系统运行状态监测功能,包括设备运行状态检测、单一设备呼叫、通话记录查询等功能。

b) 隧道、桥梁监控系统软件可通过与紧急电话系统之间的通信接口,实现对系统运行状态的监测。

8.6.4 广播系统控制模块

a) 系统提供隧道、桥梁广播系统设备检测、音频播放功能。

b) 隧道、桥梁监控系统软件通过隧道广播系统之间的通信接口,实现对系统运行状态的监测。

8.6.5 火灾检测模块

a) 系统提供与火灾检测设备之间的信息传输接口,接收火灾检测系统的实时检测数据。

b) 系统提供火灾检测数据实时查看、历史数据查询、历史数据打印功能。

c) 隧道、桥梁监控系统软件可通过与隧道、桥梁火灾检测系统之间的通信接口,实现数据的实时接收。

8.6.6 通风控制模块

a) 系统提供隧道通风控制功能，包括日常通风控制、火灾通风控制、单风机运行控制、通风设备运行状态检测功能。
b) 系统提供通风设备手动控制和自动控制切换的功能。
c) 隧道监控软件提供各种运营条件下的通风控制模式，同时实现通风系统控制状态的实时检测。

8.6.7 照明控制模块

a) 系统提供隧道照明控制功能，包括正常照明控制、特殊照明控制、单一回路控制、照明回路控制状态检测功能。
b) 系统提供照明回路手动控制和自动控制切换的功能。
c) 隧道监控软件提供各种运营条件下的照明控制模式，同时实现照明系统控制状态的实时检测。

8.6.8 桥梁运行状态监测模块

a) 系统提供桥梁状态数据下载、远程数据上传、设备状态检测功能。
b) 实时向上级中心上传桥梁状态，桥梁出现异常状态时及时报警。

8.6.9 桥梁交通控制模块

系统提供特殊状态下桥梁通行控制的功能。

9 视频联网要求

9.1 一般规定

9.1.1 高速公路省域视频联网采用省监控中心—路段监控(分)中心—基层管理单元三级联网。

9.1.2 高速公路省域视频联网由省监控中心视频系统、路段监控(分)中心视频系统、基层管理单元视频系统和监控摄像机构成。

9.1.3 各级监控管理部门按权限实行分级管理，视频联网采用省监控中心、路段监控(分)中心、基层管理单元(隧道管理站或桥梁管理站等)三级权限管理，省监控中心权限最高。

9.1.4 各级监控管理部门负责所辖范围内视频联网运行的系统更新，并负责监督、检查和指导下级监控管理部门的系统更新。

9.2 视频联网范围

9.2.1 高速公路省域视频联网范围包括全省所有高速公路的监控视频(包括视频图像和控制数据)联网以及录像视频(包括录像视频和控制数据)联网。

9.2.2 高速公路省域监控视频联网图像源包括：

a) 道路沿线外场摄像机视频图像。
b) 服务区、停车区的场区及其室内监控视频图像等。
c) 隧道区域(包括洞内和洞外)外场摄像机视频图像。
d) 监控室、变电所等室内监控视频图像。
e) 收费系统视频图像。

以上视频信息均根据需要逐级上传，每路图像均按本标准中附录B的要求叠加相关信息。

9.2.3 高速公路省域监控视频联网控制数据包括：

a) 上级监控管理部门视频控制设备对下级监控管理部门视频设备的控制数据（包括切换、调看等操作指令及其他数据信息）。

b) 各级监控管理部门对外场遥控摄像机的控制数据（包括对摄像机云台、镜头、雨刷、加热器等的控制数据）。

9.2.4 高速公路省域录像视频联网范围包括各级监控管理部门的所有视频录像设备以及各级管理部门视频录像设备之间的联网控制数据（包括视频录像设备的启动指令、回放指令、浏览指令等控制数据）。

9.3 视频联网方式

9.3.1 各级监控管理部门上传至上级监控管理部门的视频图像数量（包括监控视频及收费视频）要求见表2。

表2 视频图像数量要求

序　号	下级监控管理部门	上级监控管理部门	上传视频路数
1	隧道管理站	路段监控（分）中心	至少8路
2	桥梁管理站	路段监控（分）中心	至少4路
3	路段监控（分）中心	省监控中心	至少4路

9.3.2 高速公路监控摄像机视频采用数字化传输方式，通过通信系统接入网上传到直接的监控管理部门，省内高速公路联网监控的IP地址分配遵守附录F监控系统IP地址规划的要求。

9.3.3 省内各级监控管理部门之间的视频联网采用数字压缩编码格式。

9.3.4 各级监控管理部门监控视频录像采用网络化、数字化的视频存储技术。各级监控管理部门之间能通过通信系统实现视频录像设备的联网调用。

9.3.5 已建路段根据实际情况，逐步实施数字化视频联网改造。

9.3.6 省监控中心与各路段监控（分）中心视频接入应满足江苏省交通运输厅《江苏省交通视频监控系统联网技术要求》，移动视频图像技术应满足附录G的要求。

9.4 视频联网控制

9.4.1 省内各级监控管理部门能够实现对下级监控管理部门监控视频图像的切换控制以及对摄像机的控制。

9.4.2 省内各级监控管理部门能够实现对下级监控管理部门录像视频的调看控制、回放控制以及对录像机的启动控制等。

9.4.3 一般情况下，各级监控管理部门不直接对下级监控管理部门所辖外场摄像机以及视频录像机启动等进行控制，如遇紧急情况或需要实施控制时，依据规定程序取得优先权，上级监控管理部门控制优先级高于下级监控管理部门。

9.4.4 下级管理部门能与各上级管理部门同时显示管理范围内的视频图像。

9.5 联网视频格式

9.5.1 高速公路监控联网视频均采用PAL/NTS制式。

9.5.2 高速公路联网数字压缩视频采用H.264视频压缩技术。

9.5.3 各级监控管理部门采用的联网视频格式及视频设备应满足附录E的要求。

10 数据联网要求

10.1 一般规定

10.1.1 高速公路省域数据联网采用省监控中心—路段监控(分)中心—基层管理单元三级联网。

10.1.2 高速公路省域数据联网由省监控中心、路段监控(分)中心、基层管理单元相关设备和监控外场设备组成。

10.1.3 各级监控管理部门按权限实行分级管理,省域数据联网采用省监控中心、路段监控(分)中心、基层管理单元(隧道管理站或桥梁管理站等)三级权限管理,省监控中心权限最高。

10.1.4 各级监控管理部门负责所辖范围内数据联网运行的系统更新,并负责监督、检查和指导下级监控管理部门的系统更新。

10.1.5 编码相关要求应满足附录C监控系统编码的要求。省监控中心数据存储格式要满足附录E的要求,路段监控(分)中心数据存储格式建议满足附录E监控数据存储格式的要求。

10.2 数据联网范围

高速公路省域数据联网范围包括全省各级监控管理部门、外场设备之间上传和下发的所有数据信息,数据传输应满足附录H的要求。

系统的联网示意图如图2所示。

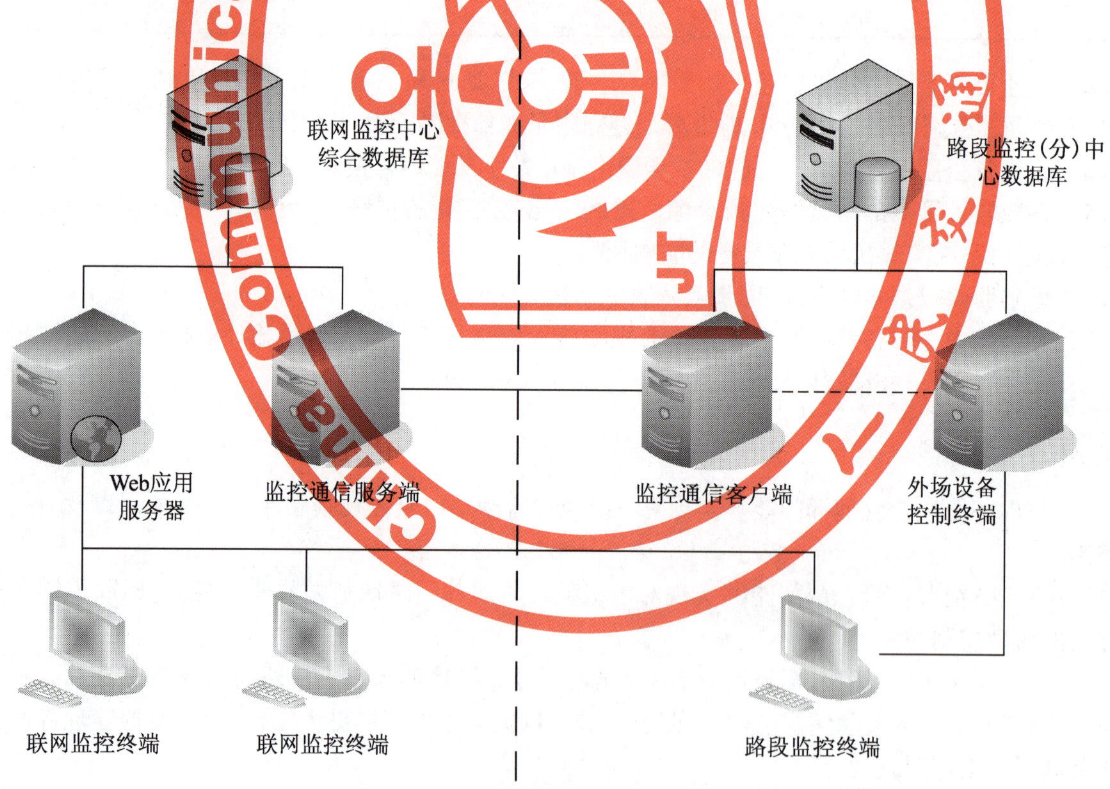

图2 监控系统联网示意图

10.3 数据联网方式

10.3.1 高速公路监控外场设备提供10/100M接口,通过通信系统接入网传输到直接的管理部门。

10.3.2 隧道区域监控外场设备分区采用区域控制器实现数据传输及区域控制(隧道区域的可变信息

标志可直接通过工业以太网交换机传输)。

10.3.3 隧道(或隧道群)区域所有区域控制器组成具有自愈功能的光纤环网结构(单洞成环或双洞成环),且其自愈环网采用工业以太网技术搭建。

10.3.4 省内各级监控管理部门之间的数据联网通过通信系统提供的干线网络实现,各级监控管理部门之间的数据传输采用10/100Mbit/s或1 000Mbit/s数据传输通道。

10.3.5 一般情况下,各级监控管理部门不直接对下级监控管理部门所辖监控外场设备进行直接控制,如遇紧急情况或上级监控管理部门需要实施控制时,依据规定程序取得优先权,上级监控管理部门控制优先级高于下级监控管理部门。

11 新(改、扩)建路桥接入流程

11.1 接入条件

a) 完成监控系统网络配置。

b) 完成监控系统软硬件的建设及内部测试。

c) 完成通信接口软件的开发及相应功能的测试。

d) 完成视频联网测试(含云台控制)。

11.2 接入准备工作

a) 准备相关的基本信息材料,如路段基本信息、监控(分)中心基本信息、GIS相关图层数据、人员权限信息等。

b) 向省监控中心获取本路段机构的IP地址范围、机构编码、省监控中心的测试IP地址和测试端口,测试IP地址和测试端口参考附录I。

c) 在联网监控系信息发布平台维护路段信息及外场设备信息。

d) 完成路段监控系统各个硬件功能的测试,硬件功能及设置符合相关要求。

11.3 接入具体步骤

a) 填写路段监控(分)中心接入申请。

b) 获取本路段机构的IP地址范围、机构编码、省监控中心的测试IP地址和测试端口。

c) 完成本路段内监控系统的所有功能测试。

d) 省监控中心组织网络通信、通信接口软件测试相关监控系统业务功能测试。

e) 测试报告获评审通过,准许接入。

f) 系统正式使用。

11.4 通信接口软件接入方式

根据联网监控的统一要求,以及保证系统接入方式的灵活性,通信接口软件可以支持以下三种接入方式:

a) 自行根据通信协议完成通信接口软件的编制。

b) 以数据库作为媒介,采用统一的监控接口客户端软件。

c) 以XML文件作为媒介,采用统一的监控接口客户端软件。

附　录　A
(规范性附录)
监控系统操作流程

A.1　监控系统业务流程图(图A.1)

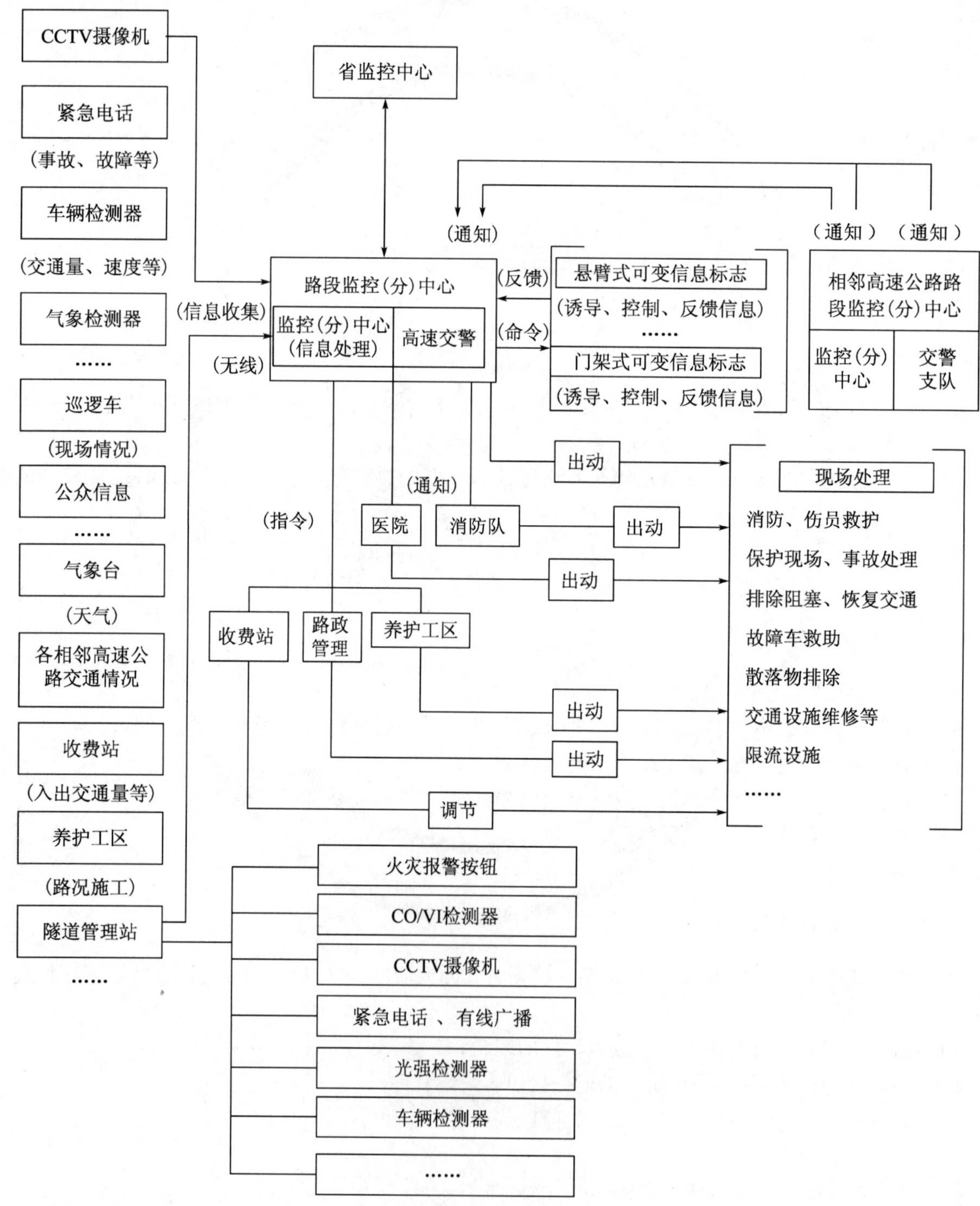

注:业务操作流程的相关细节可根据各管理单位情况具体确定。

图A.1　监控系统业务操作流程图

A.2 监控系统事件操作流程图(图 A.2)

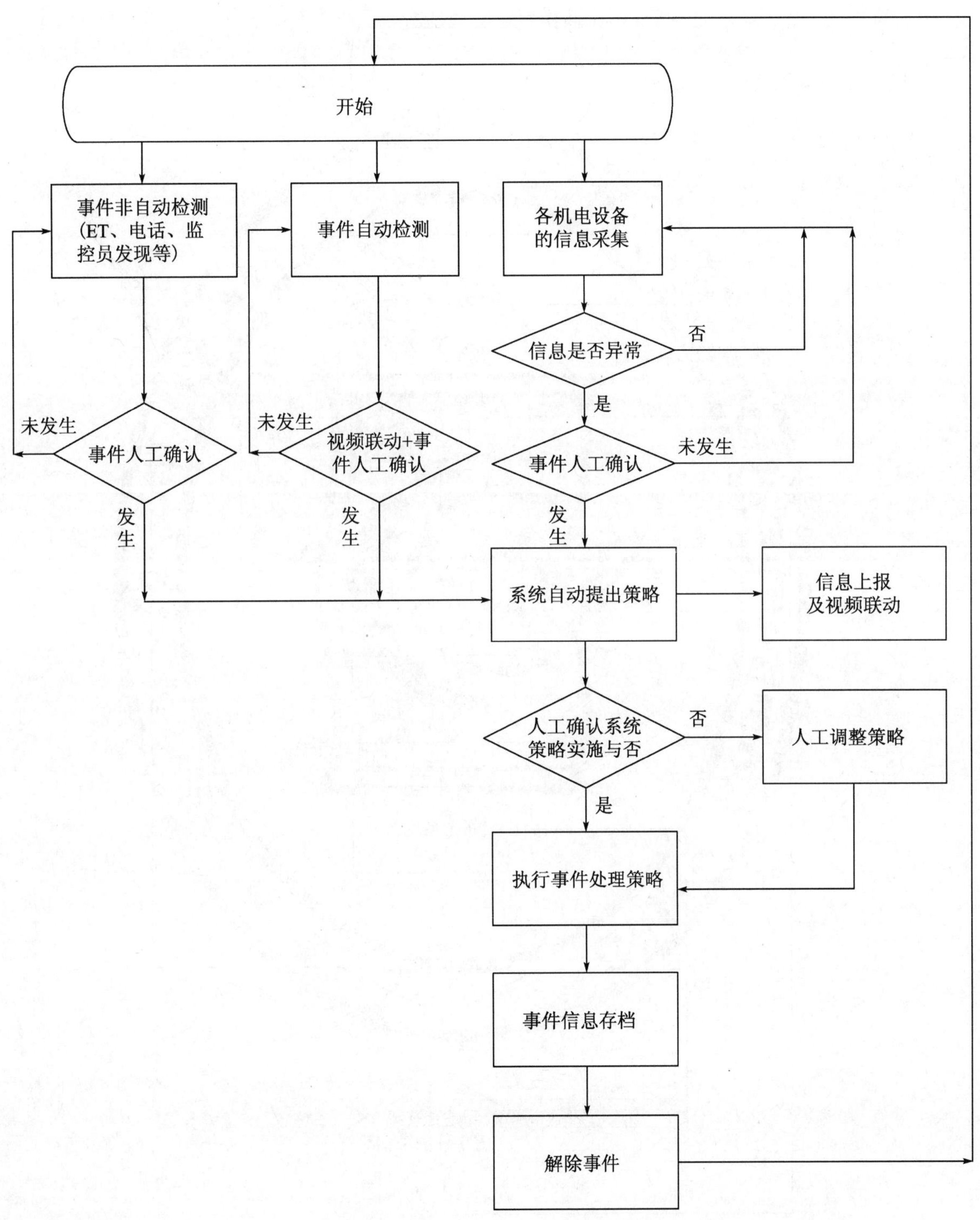

注:事件处理流程的相关细节可根据各管理单位具体情况确定。

图 A.2 监控系统事件操作流程图

A.3 信息发布设备操作流程图(图 A.3)

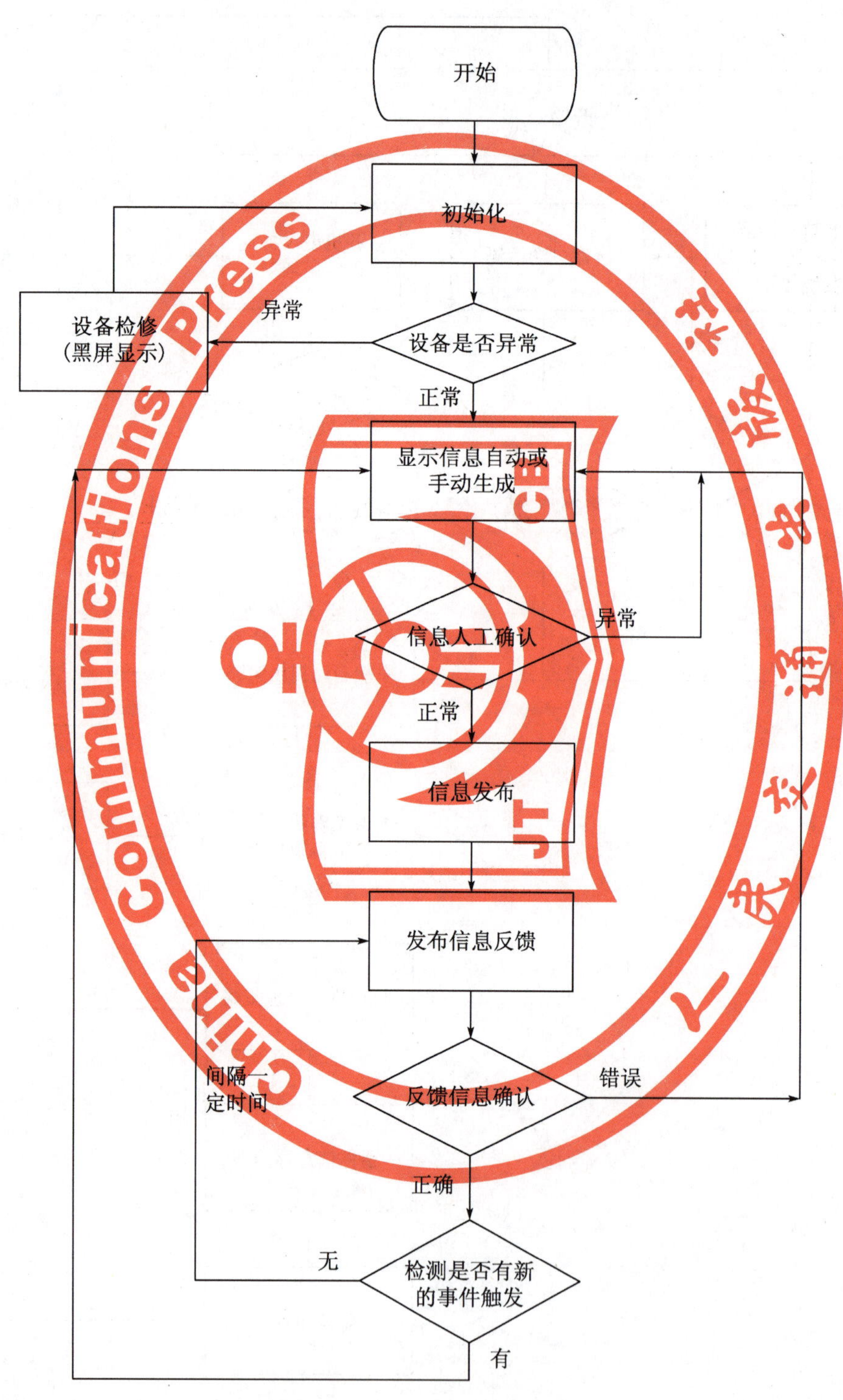

注:信息发布设备的使用相关细节可根据各管理单位具体情况确定。

图 A.3 信息发布设备操作流程图

A.4 信息采集设备操作流程(图 A.4)

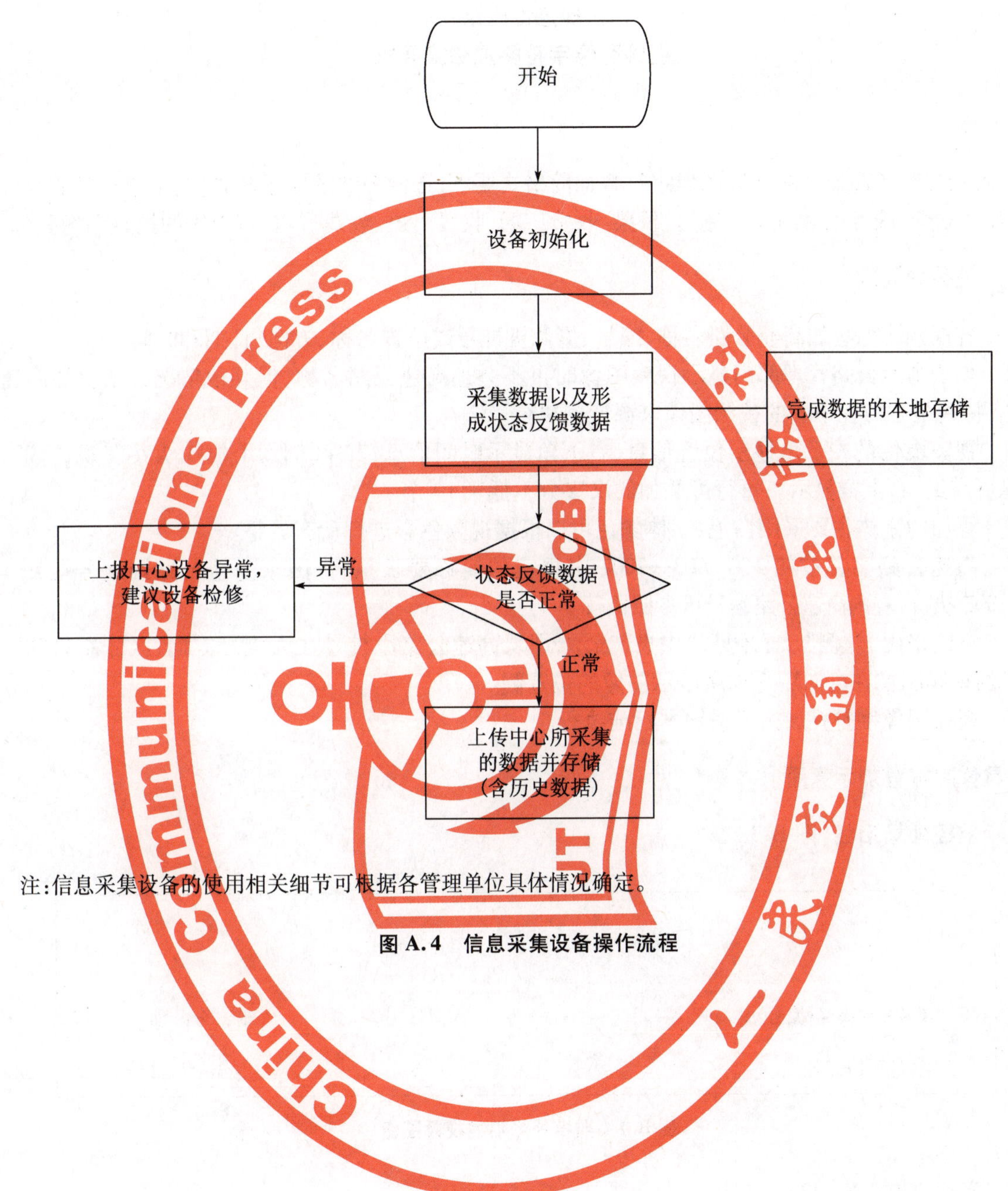

注:信息采集设备的使用相关细节可根据各管理单位具体情况确定。

图 A.4 信息采集设备操作流程

附 录 B
(规范性附录)
视频图像字符叠加格式要求

B.1 范围

本附录规范了高速公路视频图像字符叠加的格式要求，方便图像的使用和管理，主要包括监控外场沿线、互通立交、服务区/停车区、隧道、桥梁、收费广场、收费车道、收费亭内、室内等的视频图像叠加。

B.2 字符叠加要求

B.2.1 各视频图像叠加高速公路名称、编号、摄像机桩号或位置名称、方向、日期和时间。

B.2.2 单条高速公路管理部门显示视频图像时可不叠加高速公路名称，但其他情况必须叠加高速公路名称，特别是省监控中心的视频图像来源严格执行。

B.2.3 视频图像的左下角显示位置信息，右下角显示时间信息，其字体使用仿宋，大小美观、合适；特殊情况可左上、右上方显示。每行可叠加的汉字数不低于 19 个。

B.2.4 叠加的字体主要采用白色，字体颜色可以根据视频色彩进行动态调整。

B.2.5 高速公路名称按照 JTG A03—2007 中规定的简称要求执行；国家高速公路网编号按照 JTG A03—2007 执行，省内高速公路编号可参照执行。

B.2.6 方向采用“左侧”、“右侧”、“中央”表示，即从高速公路小桩号往大桩号方向，区分左右侧。道路沿线的视频图像在方向后叠加所显示图像的位置侧。

B.2.7 视频图像字符叠加格式按照本标准执行。

B.3 具体字符叠加示意图

B.3.1 监控外场沿线(图 B.1)

××××高速(编号)
时：分：秒
里程桩号+方向
年-月-日

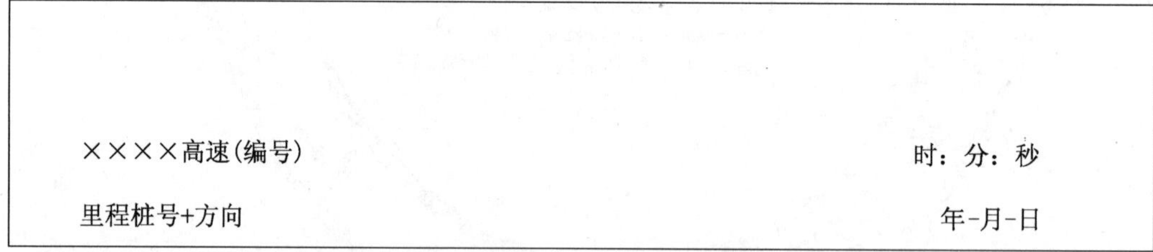

图 B.1 监控外场沿线视频图像

B.3.2 互通立交(图 B.2)

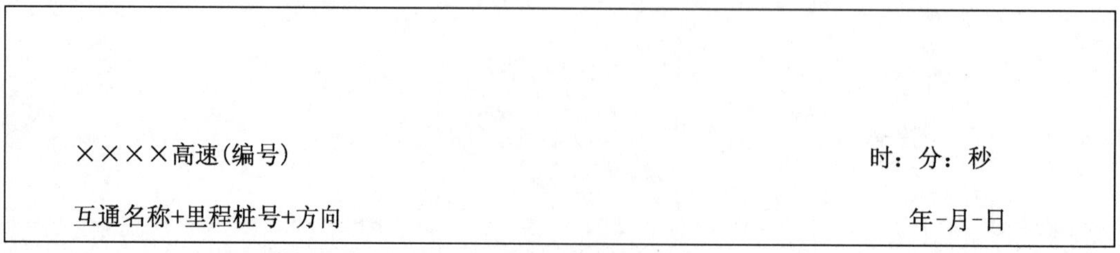

××××高速(编号)
时：分：秒
互通名称+里程桩号+方向
年-月-日

注：如互通存在多个视频图像，则在方向后增加后缀“1”、“2”、“3”等进行区分。

图 B.2 互通立交视频图像

B.3.3 **服务区/停车区**(图 B.3)

××××高速(编号)	时：分：秒
服务区/停车区名称+里程桩号+方向	年-月-日

注:如服务区/停车区同侧存在多个视频图像,则在方向后增加后缀“1”、“2”、“3”等进行区分。

图 B.3 服务区/停车区视频图像

B.3.4 **隧道**(图 B.4)

××××高速(编号)	时：分：秒
隧道名称+里程桩号+方向	年-月-日

注:如隧道同侧存在多个视频图像,则在方向后增加后缀“1”、“2”、“3”等进行区分。

图 B.4 隧道视频图像

B.3.5 **桥梁**(图 B.5)

××××高速(编号)	时：分：秒
桥梁名称+里程桩号+方向	年-月-日

注:如桥梁同侧存在多个视频图像,则在方向后增加后缀“1”、“2”、“3”等进行区分。

图 B.5 桥梁视频图像

B.3.6 **避险车道**(图 B.6)

××××高速(编号)　　时：分：秒

避险车道名称或编号+里程桩号+方向　　年-月-日

注：如避险车道存在多个视频图像，则在方向后增加后缀“1”、“2”、“3”等进行区分。

图 B.6 避险视频图像

B.3.7 **收费广场**(图 B.7)

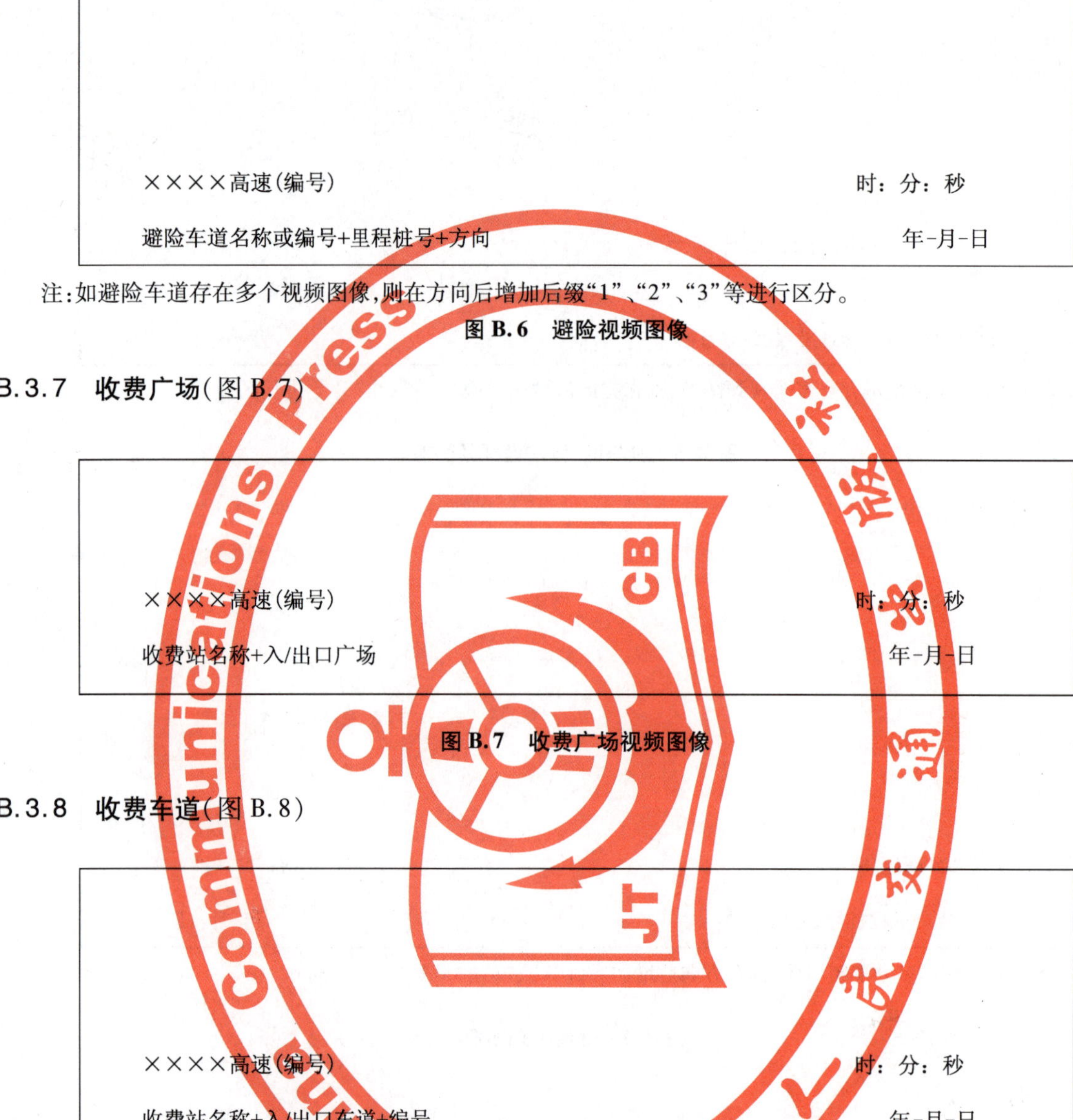

××××高速(编号)　　时：分：秒

收费站名称+入/出口广场　　年-月-日

图 B.7 收费广场视频图像

B.3.8 **收费车道**(图 B.8)

××××高速(编号)　　时：分：秒

收费站名称+入/出口车道+编号　　年-月-日

图 B.8 收费车道视频图像

B.3.9 **收费亭**(图 B.9)

××××高速(编号)　　时：分：秒

收费站名称+入/出口亭内+编号　　年-月-日

图 B.9 收费亭内视频图像

B.3.10 **管理部门**(图 B.10)

××××高速(编号) 时：分：秒

管理部门名称+位置名称+编号 年-月-日

图 B.10 管理部门视频图像

附　录　C
(资料性附录)
监控系统编码

C.1　编码原则

C.1.1　标准化和规范化

在满足交通运输部颁发的《收费公路联网收费技术要求》及现行标准规范的基础上,结合具体情况制订统一编码方案,实现监控系统建设的标准化和规范化,同时以利于各条高速公路的联网监控。

C.1.2　整体性和可靠性

考虑本省监控系统网络的一致性和可扩充性,制定的编码技术要求既能充分保证联网的可靠性,又能避免随着路网的扩大出现系统故障。

C.1.3　安全性和保密性

制定的编码技术要求必须满足国际、国内以及行业的相关标准,以保证联网的安全与保密。

C.2　数据编码定义

根据交通运输部颁发的《收费公路联网收费技术要求》的有关规定,监控系统中关于路网编码、路段编码与收费系统一致:

a)　除特殊说明外,数据编码主要采用二进制编码方式,以降低联网的数据传输量。
b)　对于两个或两个以上字节的内容,其存储顺序采用先高字节后低字节方式。
c)　编码方案适用监控系统管理体制及应用的具体情况。
d)　编码具有唯一性、明确性、系统性;充分体现监控系统联网的管理层次。
e)　编码方案易于扩展,满足高速公路网的不断发展及其他系统连接的要求。

C.3　网络编码

根据 GB 2260 规定,本省的行政区划代码确定为省域路网编码,按照 1 个字节表示(1 ~ 255),为 032(3 位十进制整数)。

C.4　路段编码

a)　根据交通运输部《收费公路联网收费技术要求》,省域内路段编码取 1 字节,其中路段编码为 1 ~ 127,如图 C.1 所示。

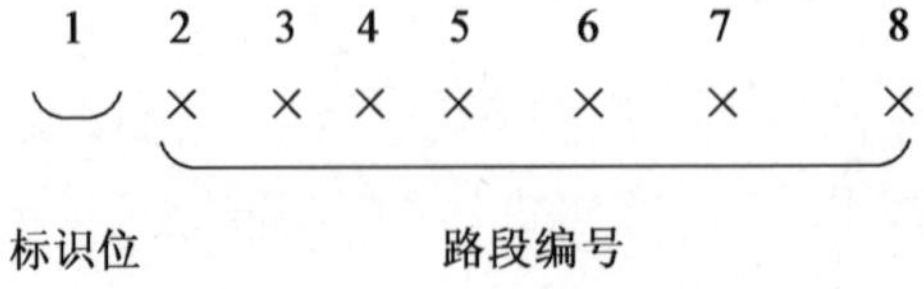

图 C.1　联网监控路段编码定义

b)　路段编码规则与《国家高速公路网命名和编号规则》(JTG A03)保持一致。
c)　国家高速公路网的路段采用 JTG A03—2007 标准规定要求执行。

d) 省级高速公路网的路线字母标识符采用汉语拼音“s”表示,其中0表示“S”;1表示“G”。

e) 省级高速公路网路段数字编号避免与本省(自治区、直辖市)境内的国家高速公路路线数字编码重复。

f) 省会(南京)城市编号为1位数字,由正北开始按照顺时针方向升序编排,编号区间为1~9。

g) 纵向路线编号为两位奇数,由东向西升序编排,编号区间为11~79。

h) 横向路线编号为两位偶数,由北向南升序编排,编号区间为10~80。

i) 城市绕城环线的编号为两位数,编号区间为81~99。

C.5 道路编码

道路编码由字母标识符和阿拉伯数字编号组成,具体定义参考JTG A03—2007。

江苏省内道路编码与现有的路线名称、路段名称、路段监控分中心及监控总中心的对应关系,参考表C.1。

表C.1 道 路 编 码

<table>
<tr><th>道路编码</th><th>路线名称</th><th>路段名称</th><th>路段监控(分)中心</th><th>路段监控总中心</th></tr>
<tr><td rowspan="10">G2</td><td rowspan="10">京沪高速</td><td>徐州段</td><td rowspan="2">京沪徐宿监控中心</td><td rowspan="4">京沪公司总值班室</td></tr>
<tr><td>宿迁段</td></tr>
<tr><td>淮安段</td><td>京沪淮安监控中心</td></tr>
<tr><td>扬州段</td><td>京沪扬州监控中心</td></tr>
<tr><td>京沪高速正谊广陵段</td><td>高管宁通监控中心</td><td>高管中心</td></tr>
<tr><td>广靖段</td><td>广靖锡澄调度指挥中心</td><td></td></tr>
<tr><td>江阴大桥段</td><td>江阴大桥监控中心</td><td></td></tr>
<tr><td>锡澄段</td><td>广靖锡澄调度指挥中心</td><td></td></tr>
<tr><td>京沪高速无锡段</td><td>宁沪无锡监控中心</td><td rowspan="2">宁沪马群监控中心</td></tr>
<tr><td>京沪高速苏州段</td><td>宁沪苏州监控中心</td></tr>
<tr><td>G3</td><td>京台高速</td><td>徐州段</td><td>连徐公司调度指挥中心</td><td></td></tr>
<tr><td rowspan="5">G15</td><td rowspan="5">沈海高速</td><td>汾灌段</td><td>汾灌高速监控中心</td><td></td></tr>
<tr><td>沿海段</td><td>沿海高速监控中心</td><td></td></tr>
<tr><td>沈海高速南通小海段</td><td>高管通启监控中心</td><td>高管中心</td></tr>
<tr><td>苏通大桥段</td><td>苏通大桥调度指挥中心</td><td></td></tr>
<tr><td>沿江段</td><td>沿江高速监控中心</td><td></td></tr>
<tr><td>G15w</td><td>常台高速</td><td>苏州段</td><td>苏嘉杭高速监控中心</td><td></td></tr>
<tr><td rowspan="5">G25</td><td rowspan="5">长深高速</td><td>临连段</td><td>汾灌高速监控中心</td><td></td></tr>
<tr><td>宁连段</td><td>高管宁连监控中心</td><td rowspan="3">高管中心</td></tr>
<tr><td>宁淮淮安段</td><td>高管宁淮淮安监控中心</td></tr>
<tr><td>宁淮南京段</td><td>高管宁淮南京监控中心</td></tr>
<tr><td>宁杭段</td><td>宁杭高速监控中心</td><td></td></tr>
</table>

表 C.1(续)

道路编码	路线名称	路段名称	路段监控(分)中心	路段监控总中心
G2501	南京绕城高速	东北段	南京长江第四大桥监控中心	
		南京长江四桥段		
		麒麟东山段	南京绕越总值班室	
		东南段	南京绕越总值班室	
		南京长江三桥段	南京长江第三大桥监控中心	
		张店枢纽至程桥枢纽段	高管宁淮南京监控中心	高管中心
G2513	淮徐高速	楚州枢纽至淮安西互通段	宿淮盐高速监控中心	
		淮宿段	宿淮盐高速监控中心	
		宿徐段	宁宿徐高速监控中心	
		林东枢纽至大黄山枢纽	连徐公司调度指挥中心	
G30	连霍高速	连云港段	连徐公司调度指挥中心	
		徐州段		
G36	宁洛高速	南京段	高管宁淮南京监控中心	高管中心
		南京长江二桥段	南京长江第二大桥监控中心	
G40	沪陕高速	崇启大桥段	崇启大桥监控中心	
		启东小海段	高管通启监控中心	高管中心
		沈海高速小海南通段	高管通启监控中心	
		南通北枢纽至九华枢纽段	高管通启监控中心	
		九华至广陵段	高管宁通监控中心	
		京沪高速广陵正谊段	高管宁通监控中心	
		正谊至砖桥段	高管宁通监控中心	
		江六段	宁扬监控中心	京沪公司总值班室
		雍六段	高管宁淮南京监控中心	高管中心
		六合南至南京段		
G4011	扬溧高速	润扬大桥段	润扬大桥监控中心	
		镇溧段	宁常镇溧监控中心	
G42	沪蓉高速	京沪高速无锡段	宁沪无锡监控中心	宁沪马群监控中心
		京沪高速苏州段	宁沪苏州监控中心	
		无锡段	宁沪无锡监控中心	
		常州段	宁沪常州监控中心	
		宁镇段	宁沪宁镇监控中心	
G50	沪渝高速	苏州段	沪苏浙监控中心	
S5	常嘉高速	石牌角直段	苏州绕城监控中心	
S9	苏绍高速	湘城枢纽至通安互通段	苏州绕城监控中心	
		通安互通至东山互通段		

表 C.1(续)

道路编码	路线名称	路段名称	路段监控(分)中心	路段监控总中心
S18	盐淮高速	盐淮高速	宿淮盐高速监控中心	
S19	通锡高速	环太湖段	锡宜高速监控中心	
		锡张段	锡张高速调度中心	
S28	启扬高速	扬州西北绕	京沪扬州监控中心	京沪公司总值班室
		江海段	宁靖盐高速监控中心	
S29	盐靖高速	盐靖高速	宁靖盐高速监控中心	
S38	常合高速	沿江段	沿江高速监控中心	
		宁常段	宁常镇溧监控中心	
		骆家边段	宁杭高速监控中心	
S35	泰镇高速	泰镇高速	泰州大桥监控中心	
S39	江宜高速	泰州大桥段	泰州大桥监控中心	
		常州西绕城段	常州西绕城监控中心	
S48	沪宜高速	岳王相城段	苏州绕城监控中心	
		无锡段	锡宜高速监控中心	
S49	新扬高速	宿新段	宁宿徐高速监控中心	
		宿迁淮安段		
S55	宁宣高速	南京机场高速段	高管机场监控中心	高管中心
		宁高段		
S58	沪常高速	苏沪段至东山互通段	苏州绕城监控中心	
		东山互通至通安互通段		
S69	济徐高速	济徐高速	连徐公司调度指挥中心	
S83	无锡支线	无锡段	锡宜高速监控中心	
		苏州段	苏州绕城监控中心	
S88	南京机场高速	南京机场高速	高管机场监控中心	高管中心
S79	南通支线	南通支线	高管宁通监控中心	
S86	镇江支线	镇江支线	宁沪宁镇监控中心	宁沪马群监控中心
S87	南京支线	南京支线	宁杭高速监控中心	
S96	宿迁支线	宿迁支线	宁宿徐高速监控中心	

C.6 监控管理部门编码

监控管理部门包括省监控中心、路段监控(分)中心和隧道监控站、桥梁管理站。根据江苏省高速公路监控系统各管理机构的现有数量及系统今后扩展的要求,管理机构编码由6位数字组成。编码规则如下:

a) 管理机构编码(OrgID)按四个字节整型存储。

b) 十进制的表示形式为:AABBCC(从高位到低位编码,下同)。各位表示的意义见表C.2。

表 C.2 监控管理部门编码

字　段	定　义	说　明
AA	管理单位编码	
BB	下属管理单位编码	00 表示无下级管理单位
CC	BB 的下级管理单位编码	00 表示无下级管理单位
注:其中省监控中心编码为:10 01 00。		

C.6.1 管理单位编码

管理单位编码(OwnerID),表示监控系统管理所属单位的编码,编码按一个字节存储,以整数十进制的表示形式为:AA。各位表示的意义见表 C.3。

表 C.3 管理单位编码

字　段	定　义	说　明
AA	管理单位编码	01 ~ 09 保留;10 表示联网中心; 11 ~ 39 为省内各高速编码; 40 ~ 99 保留

C.6.2 监控管理部门类别编码

监控管理部门类别(OrgType)编码按一个字节存储,以整数十进制的表示形式为:AA。各位表示的意义见表 C.4。

表 C.4 监控管理部门类别编码

字　段	定　义	说　明
AA	监控直属类别	00 表示联网中心;　01 表示区域监控中心; 02 表示路段监控中心; 03 表示路段监控(分)中心; 04 表示基层管理单元; 05 表示其他机构

江苏省高速公路监控管理机构编码见表 C.5。

表 C.5 监控管理机构编码

序　号	管 理 机 构	机 构 编 码	机 构 类 别	说　明
1	省监控中心	10 01 00	00	
2	高管中心	11 01 00	05	
3	高管机场高速监控中心	11 02 01	02	
4	高管宁连高速监控中心	11 03 01	02	
5	高管宁通高速监控中心	11 04 01	02	
6	高管通启监控中心	11 05 01	02	

表 C.5(续)

序　号	管理机构	机构编码	机构类别	说　明
7	高管宁淮淮安监控中心	11 06 01	02	
8	高管宁淮南京监控中心	11 07 01	02	
9	崇启大桥监控中心	11 08 01	02	
10	宁沪马群监控中心	12 01 01	02	
11	宁沪苏州监控中心	12 02 01	03	
12	宁沪无锡监控中心	12 03 01	03	
13	宁沪常州监控中心	12 04 01	03	
14	宁沪宁镇监控中心	12 05 01	03	
15	京沪公司总值班室	13 01 01	02	
16	京沪徐州监控中心	13 02 01	03	
17	京沪淮安监控中心	13 03 01	03	
18	京沪扬州监控中心	13 04 01	03	
19	京沪扬州西北监控中心	13 05 01	02	
20	宁扬监控中心	13 06 01	02	
21	江阴大桥监控中心	14 01 01	02	
22	苏通大桥调度指挥中心	15 01 01	02	
23	连徐高速徐州监控中心	16 01 01	02	
24	连徐高速新沂监控中心	16 02 01	02	
25	连徐高速连云港监控中心	16 03 01	03	
26	沿江高速监控中心	17 01 01	02	
27	宁杭高速监控中心	18 01 01	02	
28	宁靖盐高速监控中心	19 01 01	02	
29	宁徐宿高速监控中心	20 01 01	02	
30	沿海高速监控中心	21 01 01	02	
31	宿淮盐高速监控中心	22 01 01	02	
32	广靖锡澄调度指挥中心	23 01 01	02	
33	汾灌高速监控中心	24 01 01	02	包含临连高速
34	锡宜高速监控中心	25 01 01	02	
35	宁常镇溧监控中心	26 01 01	02	
36	沪苏浙监控中心	27 01 01	02	
37	苏州绕城监控中心	28 01 01	02	
38	苏嘉杭高速监控中心	29 01 01	02	
39	润扬大桥监控中心	30 01 01	02	

表 C.5(续)

序　号	管理机构	机构编码	机构类别	说　明
40	南京绕越总值班室	31 01 01	02	
41	南京长江第三大桥监控中心	32 01 01	02	
42	锡张高速监控中心	33 01 01	02	
43	常州西绕城监控中心	34 01 01	02	
44	江苏泰州大桥有限公司生产调度中心	35 01 01	02	
45	南京长江第四大桥有限责任公司总值班室	36 01 01	02	
46	南京绕越东北段监控中心	36 01 02	02	
47	南京长江第二大桥监控中心	37 01 01	02	

C.7　监控工作人员编码

监控工作人员编码按四个字节存储,以整数十进制的表示形式为:AAAAAABBB(从高位到低位编码,下同)。各位表示的意义见表 C.6。

表 C.6　监控工作人员编码

字　段	定　义	说　明
AAAAAA	六位管理机构编码	
BBB	人员工号编码	001 ~ 999

C.8　监控外场设备编码

外场设备编码主要包括三部分信息:外场设备类型、设备类型分类、外场设备编号。

对应的二进制定义如图 C.2 所示。

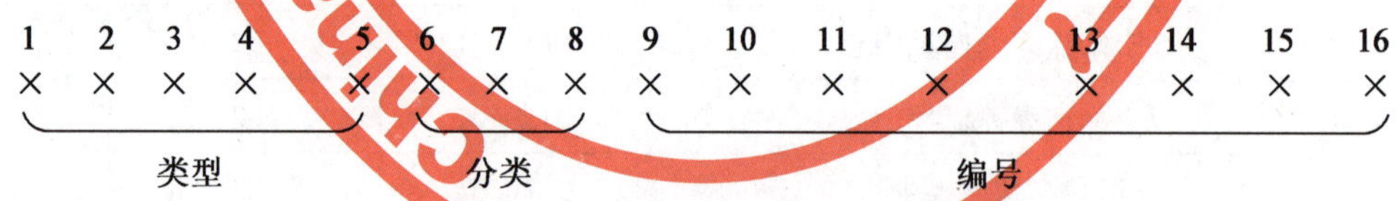

图 C.2　外场设备编码

监控设备编码对应的十进制描述为:由 8 位数字表示,编码格式为 AABCCCCC。各位的意义见表 C.7。

表 C.7　监控设备编码

字　段	字段类型	定　义	说　明
AA	UT	设备类型编号	范围:01 ~ 31
B	UT	表示 AA 的分类	范围:1 ~ 7
CCCCC	US	设备序号	范围:00 001 ~ 65 535

设备类型编码(AA)定义见表C.8。

表C.8 设备类型编码定义

AA 值	二进制	定义	说明
1	00001	服务器	
2	00010	工作站	
3	00011	交换机	
8	01000	车辆检测器	
9	01001	气象检测器	
10	01010	可变信息标志	
11	01011	摄像机	
12	01100	紧急电话	
13	01101	有线广播	
14	01110	交通信号灯	
15	01111	可变车道控制标志	
16	10000	本地控制器	
17	10001	一氧化碳/能见度检测器	
18	10010	风速风向检测器	
19	10011	光强检测器	
20	10100	火灾检测器	
21	10101	火灾报警按钮	
22	10110	烟雾检测器	

设备类型分类(B)定义如下:

a) 车辆检测器

- 001:环形线圈车辆检测器;
- 010:微波车辆检测器;
- 011:视频车辆检测器。

b) 可变信息标志

- 001:门架式可变信息标志;
- 010:悬臂式可变信息标志;
- 011:立柱式可变信息标志;
- 100:可变限速标志;
- 101:隧道内可变信息标志;
- 110:服务区信息发布标志。

c) 紧急电话

- 001:光纤型紧急电话;
- 010:电缆型紧急电话;
- 011:无线型紧急电话。

d) 火灾检测器

- 001:双波长火灾检测器;
- 010:光纤型火灾检测器。

CCCCC 设备序号,各高速公路路段可以根据自身需要自行编制。相同设备类型的外场设备序号不得重复。路段监控系统中必须提供外场监控设备编号的检索,检索的信息可以确定此设备的相关物理属性。

C.9 时间编码

依据 GB/T 7408 的要求,日期必须采用完全表示法。

a) 日历日期完全表示法(表 C.9)

表 C.9 日历日期完全表示法

日历日期构成	格 式	字段宽度	举 例	说 明
年	CCYY	4	1999	
月	MM	2	03	
日	DD	2	14	

示例 1:

基本格式为:CCYYMMDD,举例:19980416;

示例 2:

扩展格式为:CCYY-MM-DD,举例:1998-04-16。

b) 时间完全表示法(表 C.10)

表 C.10 时间完全表示法

日历时间构成	格 式	字段宽度	举 例
时	HH	2	23
分	MM	2	12
秒	SS	2	09

示例 1:

基本格式为:HHMMSS,举例:232050

示例 2:

扩展格式为:HH:MM:SS,举例:23:20:50。

c) 年-月-日-时间标志符-时-分-秒(表 C.11)

表 C.11 年-月-日时间标志符-时-分-秒表示法

时间编码构成	格 式	字段宽度	举 例	说 明
年	CCYY	4	1999	
月	MM	2	03	
日	DD	2	14	
时间标志符	T	1	T	
时	HH	2	23	
分	MM	2	12	
秒	SS	2	09	

示例1：

基本格式为：CCYYMMDDT HHMMSS，举例：19980416T101530；

示例2：

扩展格式为：CCYY-MM-DDTHH：MM：SS，举例：1998-04-16T10：15：30。

监控系统的时间以中华人民共和国北京时间为基准。数据联网通信时XML文件中的时间格式统一采用扩展格式。

C.10 道路方向编码

道路方向编码规则如下：

a) 道路方向的定义为上行、下行。

b) 对于《江苏省高速公路网命名和编号规则》中以路线起点和终点命名的道路，起点到终点方向为下行，反方向为上行。

c) 对于绕城高速，内圈顺时针方向为下行，反方向为上行。

d) 对于城市支线，以进城市方向为下行，反方向为上行。

e) 如有冲突，则以先满足的规则为主。

f) 方向编码定义：0-上行；1-下行。

C.11 枢纽、匝道、大桥编码

枢纽、匝道、大桥等是构成高速公路网的重要交通设施，有效管理这些设施是联网监控的重要任务之一。对这些设施进行编码是有效的管理手段，本要求用一个字符串来标识这些设施。字符串表示形式为A...A&BCCDDDD。各字符的意义见表C.12。

表C.12 枢纽、匝道、大桥编码

字　段	定　义	说　明
A...A	道路编码，依据《江苏省高速公路网命名和编号规则》	
&	连接符	
B	方向（上下行）	参考道路方向编码
CC	枢纽、匝道、大桥等地理的类型编码	
DDDD	序号	范围：0 001～9 999

枢纽、匝道、大桥等设施的类型编码见表C.13。

表C.13 枢纽、匝道、大桥类型编码

设施类型	编　码
区段	QD
枢纽	SN
匝道	ZD
隧道	SD
大桥	DQ

C.12 车道编码

车道编码规则为:ABB,见表 C.14。

表 C.14 车 道 编 码

字　段	字段类型	定　义	说　明
A	UT	上下行标志	0-上行;1-下行
BB	UT	车道号	由内侧到外侧沿车辆行驶方向编号。范围 01 ~ 31

C.13 里程桩号编码

高速公路里程桩指高速公路路线上由起点至终点,按照每公里等长顺序设置的、标识公路里程与编号的碑石群,用以计算路线或路段长度和标注公路上某一地点的沿线位置。里程桩标识为:K××××(km)+×××(m)。在数据库中统一以 AAAABBB 表示,见表 C.15。

表 C.15 里程桩号编码

字　段	字段类型	定　义	说　明
AAAA	US	公里数	
BBB	US	米	

C.14 其他数据定义

其他数据定义见表 C.16。

表 C.16 其他数据定义

中文名称	内部名称	数据类型	长　度	定　义
外场设备状态	DeviceStatus	UT	1	按值定义: 0-预置值,无定义; 1-设备不存在; 2-设备故障,无法使用; 3-通信失败; 4-未知错误; 255-设备正常
日期及时间	dateTime	C	19	XML 采用 dateTime 类型,数据库对应地采用 DateTime 类型
统计日期	date	C	10	XML 采用 date 类型,数据库对应地采用 SmallDateTime 类型。数据如:采用"2010-01-01"格式
记录类型	RecordType	UT	1	1-增量(差别)数据; 2-完整数据
交易类型	TranType	US	2	用于区分不同数据交互的类型

表 C.16(续)

中文名称	内部名称	数据类型	长度	定义
风向	WSDir	UT	1	1-偏北;2-东北;3-偏东;4-东南;5-偏南;6-西南;7-偏西;8-西北
路面状况	Rsurface	UT	1	0-干;1-潮;2-湿;3-潮并有化学品;4-湿并有化学品;5-霜;6-雪;7-冰
指令类型 (情报板控制)	CmdType	UT	1	按位(从低到高位)定义: 1~3 位:0 无定义;1-重要指令,及时发布;2-一般指令,允许等待;3~7-保留。 4-严格按照中心内容发布; 5~7-保留; 8-撤销发布

附 录 D
（资料性附录）
地理信息技术联网要求

交通地理信息对象分为点状实体、线状实体和面状实体三类。其中，点状实体是指占地面积较小，其地理位置和特征描述能够用单点来表示的地理实体对象，如收费站、加油站等；线状实体是指占地为条带状，其地理位置和特征描述能够用线来表示的地理实体对象，如道路、桥梁等；面状实体是指占地面积较大，其地理位置和特征描述能够用面及其包含体来表示的地理实体对象，如居民地、港口等。各类信息对象的空间位置描述见表 D.1。

表 D.1 信息对象空间位置表

信息类型	空间位置描述	几何类型
点	简单点实体，以点状实体的中心点的坐标表示	SP
	简单有向点，按真方向点位表示	DP
线	无方向的简单线实体	SL
	有方向的简单线实体	DL
	由多条线组成的非面复合线实体	CL
面	以面状实体边界线上的点及其内部地物点的坐标(x,y,z)集合表示	PG

D.1 图层划分

系统图层建设分基础图层和高速公路专题图层，基础图层建设由省中心统一负责，专题图层建设由各路（桥）公司负责采集和维护管理。

a） 基础图层见表 D.2。

表 D.2 基础图层数据表

序号	图层主题	类型	主要属性	备注
基础地理数据				
1	省界	面实体	名称、行政区划国标码(ID)	ID 码需符合国家行政区划编码规范
2	市界	面实体	名称、行政区划国标码(ID)	
3	县界	面实体	名称、行政区划国标码(ID)	
4	乡镇界	面实体	名称、行政区划国标码(ID)	
5	主居民地	面实体	名称、唯一标识码(ID)	
6	国道	线实体	名称、路段编码(ID)	
7	省道	线实体	名称、路段编码(ID)	
8	县道	线实体	名称、路段编码(ID)	
9	铁路	线实体	名称、唯一标识码(ID)	
10	河流	线实体	名称、唯一标识码(ID)	
11	湖泊/水库	面实体	名称、唯一标识码(ID)	

b） 高速公路专题图层见表D.3。

表D.3 高速公路专题图层表

序号	图层专题	空间特征	基本属性	统一编码
1	高速公路路段	线实体	路线代码、高速公路名称、路线长度、路线起点桩号、路线止点桩号、行政等级、车道数	GSGLLD
2	高速公路互通	面实体	互通名称、路线代码、中心位置桩号、所在地	GSGLHT
3	高速公路枢纽	面实体	枢纽名称、路线代码、中心位置桩号、所在地	GSGLSN
4	桥梁	线实体	桥梁名称、路线代码、中心位置桩号、桥梁性质、桥梁分类、桥梁全长、桥高、桥面全宽	GLQIAL
5	涵洞	线实体	涵洞代码、路线代码、中心位置桩号、涵洞类型、涵洞跨径、涵洞净高、涵洞全长、涵洞全宽	GSGLHD
6	服务区	面实体	服务区名称、管理单位、路线代码、位置桩号、所在地、总面积	GSFUWQ
7	收费站	点实体	收费站名称、管理单位、路线代码、位置桩号、收费车道数、收费站位置	GSSHFZ
8	加油站	点实体	加油站名称、路线代码、位置桩号、电话、油品种类	GSJIAY
9	车辆检测器	点实体	名称、路线代码、位置桩号、设备编号、管理单位	GSCLJC
10	气象检测器	点实体	气象检测器名称、路线代码、位置桩号、设备编号、管理单位	GSQXJC
11	能见度仪	点实体	能见度仪名称、路线代码、位置桩号、管理单位	GSNJDY
12	摄像机	点实体	摄像机名称、路线代码、位置桩号、设备编号、道路方向、管理单位	GSSHEX
13	可变情报板	点实体	可变情报板名称、路线代码、位置桩号、管理单位	GSKBQB
14	可变限速标志	点实体	可变限速标志名称、路线代码、位置桩号、管理单位	GSKBXS
15	跨江大桥	线实体	大桥名称、车道数、地址、路线代码、桥梁性质、桥梁总长、桥面净宽、中心位置桩号	GSKJDQ
16	ETC客服网点	点实体	客服网点名称、网点代码、网点地址、网点类型、管理单位	GSKFWD

D.2 高速专题信息采集要求

系统地理信息采集，要求往返采集道路两侧地理要素，采集时车速小于 30km/h，弯道车速小于 20km/h。根据事先设定好的数据字典对地理要素分图层采集。

a) 路线采集要求

匀速沿道路两侧边线采集道路轮廓，遇道路平交道口、渡口、县界、断链（长链、短链、断链、断头路）、单向双向变化需要分段，如图 D.1 ~ 图 D.3 所示。具体操作为：结束本段路段采集，并填写本段采集要素属性字段（如：路线编码、路线名称、起点桩号、止点桩号、统计里程、路段类型、断链类型、技术等级）。填写完毕后，新开始一段路线的采集。在采集匝道时，只需要沿匝道中心线采集一次，如遇交叉路口也需要分段，并需要记录所采集的每段匝道长度（记入统计里程），如图 D.4 所示。

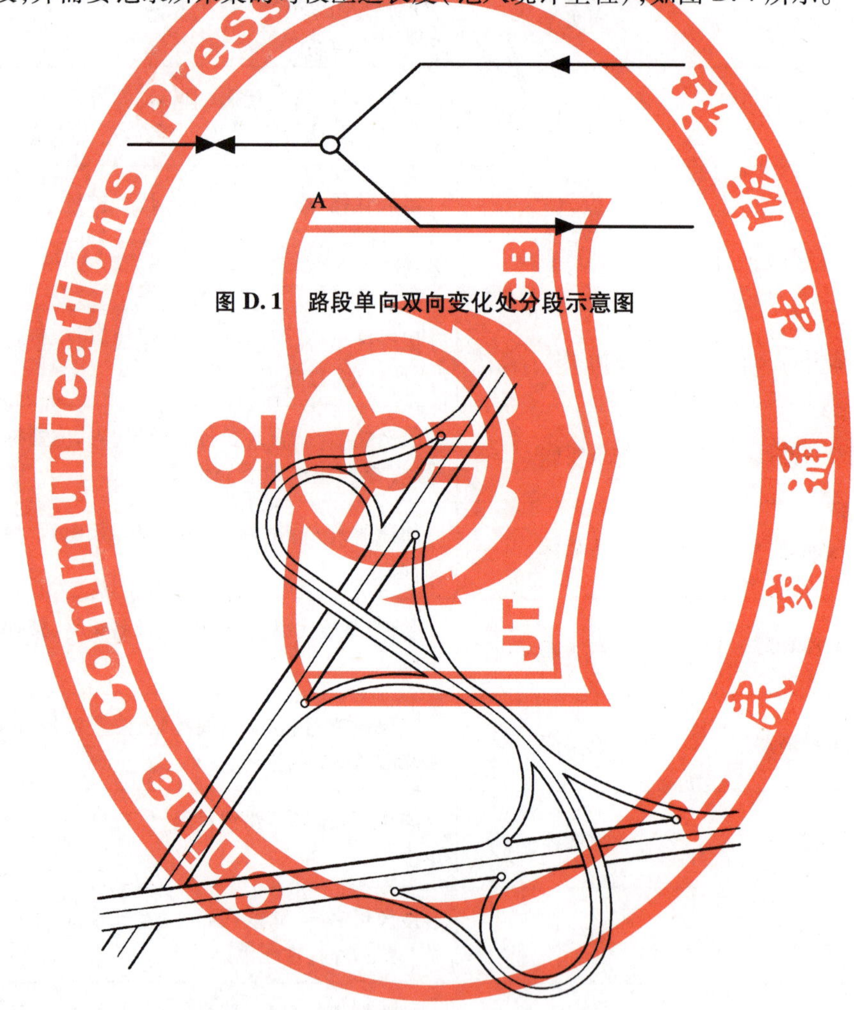

图 D.1 路段单向双向变化处分段示意图

图 D.2 主线与匝道连线处分段示意图

路线图层属性字段填写要求：

——路线编码：当采集要素为匝道时，填连接路线代码，上行填 G、S，下行填 H、T；

——路线唯一标识：不用填；

——路线名称：当前采集道路的名称；

——起点桩号：如上行和双向起点桩号小，下行起点桩号大；

——终点桩号：当采集要素为匝道时，止点桩号与起点桩号相同；

——路段编号：不用填；

——统计里程：不计里程路段填 0，计里程路段填桩号差；

——路段类型：根据采集要素填写（1-上行；2-下行；3-双向；4-匝道；5-渡口；9-其他）；

——断链类型：根据采集要素填写（0-正常路段；2-长链；4-短链，与前段桩号不连续，路段相连；5-断链，与前段桩号连续/或不连续，路段不相连；6-断头路，与前段桩号不连续，路段不相连）。

图 D.3　匝道与匝道交叉处应分段示意图

图 D.4　匝道采集示意图

b）　隧道采集要求

隧道要素的采集是在采集路线边线过程中一并采集的，只需要采集隧道的起点和止点（入口、出口）。由于隧道里没有 GPS 信号，可以不采集隧道内的路线要素。具体操作如下：在采集路线边线过程中如遇隧道,应在隧道入口处停下,暂停路线要素采集。选择“嵌套(Nest)”到隧道要素采集。采集隧道入口位置数据填写属性字段(路线编码、隧道编码、隧道名称、入口桩号、位置类型)。完成后进入隧道,待到隧道出口处时停下,选择“嵌套(Nest)”到隧道要素采集,采集隧道出口位置数据并填写属性字段(隧道名称、出口桩号、位置类型),完成一侧隧道采集工作。之后即可继续路线要素采集工作。

c) 出入口采集要求

高速公路出入口要素的采集也是在采集路线过程中一并采集,只需要采集出入口的位置。遇道路出入口时,所采集的路线需要分段。具体操作如下:在采集路线边线过程中如遇高速公路出入口,应在出入口处停下,结束该段路线要素采集,并填写属性字段(路线编码、路线名称、起点桩号、止点桩号、路段类型、断链类型、技术等级)。开始出入口图层采集,“嵌套(Nest)”到出入口图层采集,并填写属性字段(如:路线编码、出入口编码、出入口名称、出入口桩号、位置类型),完成该出入口采集工作。之后即可新开始下一段路线要素采集工作。

d) 服务区采集要求

服务区要素的采集也是在采集路线过程中一并采集,只需要采集服务区所在路线的服务区出入口之间位置。采集服务区时,所采集的路线不需要分段。具体操作如下:在采集路线边线过程中如遇服务区,不需要进入服务区,只需要在主路的服务区出入口之间停下,暂停路线要素采集。选择“嵌套(Nest)”到服务区图层采集,并填写属性字段(路线编码、服务区编码、服务区名称、服务区桩号、位置类型),完成服务区采集工作。之后即可继续路线要素采集工作。

e) 收费站采集要求

收费站要素的采集也是在采集路线过程中一并采集,只需要采集收费站所在路线的收费站出入口之间位置。采集收费站时,所采集的路线不需要分段。具体操作如下:在采集路线边线过程中如遇收费站,只需要在主路的收费站出入口之间停下(上方不能被遮挡),暂停路线要素采集。选择“嵌套(Nest)”到收费站图层采集,并填写属性字段(路线编码、收费站编码、收费站名称、收费站桩号、位置类型)。完成收费站采集工作。之后即可继续路线要素采集工作。

f) 监控点采集要求

监控点要素的采集也是在采集路线过程中一并采集,只需要采集监控点的位置。采集监控点时,所采集的路线不需要分段。具体操作如下:在采集路线边线过程中如遇监控点,只需要在主路的监控点旁边停下,暂停路线要素采集。选择“嵌套(Nest)”到监控点图层采集,并填写属性字段(路线编码、监控点编码、监控点名称、监控点桩号、监控点类型、位置类型),完成监控点采集工作。之后即可继续路线要素采集工作。

g) 涵洞采集要求

涵洞要素的采集也是在采集路线过程中一并采集,只需要采集涵洞的位置。采集涵洞时,所采集的路线不需要分段。具体操作如下:在采集路线边线过程中如遇涵洞,只需要在主路的涵洞上方停下,暂停路线要素采集。选择“嵌套(Nest)”到涵洞图层采集,并填写属性字段(路线编码、涵洞编码、涵洞名称、涵洞桩号、位置类型),完成涵洞采集工作。之后即可继续路线要素采集工作。

h) 里程桩采集要求

里程桩要素的采集也是在采集路线过程中一并采集,只需要采集里程桩的位置。采集里程桩时,所采集的路线不需要分段。具体操作如下:在采集路线边线过程中如遇里程桩,只需要在主路的里程桩旁边停下,暂停路线要素采集。选择“嵌套(Nest)”到里程桩图层采集,并填写属性字段(路线编码、里程桩号),完成里程桩采集工作。之后即可继续路线要素采集工作。

i) 互通采集要求

互通要素的采集也是在采集路线过程中一并采集,只需要采集主线交叉的位置。采集互通时,所采集的路线不需要分段。具体操作如下:在采集路线边线过程中如遇互通,只需要在主线交叉处停下,暂停路线要素采集。选择“嵌套(Nest)”到互通图层采集,并填写属性字段(路线编码、互通编码、互通名称、位置桩号),完成互通采集工作。之后即可继续路线要素采集工作。

D.3 其他技术要求

本系统采集采用 WGS84 坐标系,高程基准采用 85 国家高程基准,投影系统采用高斯—克吕格投影系统。

空间数据格式要求如下:

a) 空间矢量数据

空间矢量数据的数据格式要求为 SuperMap SDB 文件格式、ArcGIS ShapeFile 文件格式或 MapInfo tab 文件格式。

b) 栅格和影像数据

栅格和影像数据格式要求为 TIFF、GEOTIF、JPEG 等和通用的 GRID 格式。

附 录 E
（规范性附录）
监控数据存储格式

E.1 基本信息类

E.1.1 管理机构信息表(表 E.1)

表 E.1 管理机构信息表(OrgInfo)

序 号	中文名称	内部名称	数据类型	长 度	备 注
1	管理机构编码	OrgID	UL	4	包含管理单位信息
2	机构类别	OrgType	UT	1	
3	管理机构名称	OrgName	C	40	
4	服务器地址	ServerIP	C	15	
5	与中心通信端口	CommPort	UL	4	
6	上级机构编码	POrgID	UL	4	
7	备注	Memo	C	100	
注:“数据类型”定义参考附录 H.2 数据类型定义。					

E.1.2 人员信息表(表 E.2)

表 E.2 人员信信息表(OperatorInfo)

序 号	中文名称	内部名称	数据类型	长 度	备 注
1	人员编号	OperatorID	UL	4	
2	管理机构编码	OrgID	UL	4	
3	别名	Alias	C	20	
4	人员名称	OperatorName	C	40	
5	职务	Duty	C	20	
6	联系电话 1	TELNO1	C	11	手机
7	联系电话 2	TELNO2	C	20	直拨电话
8	联系电话 3	TELNO3	C	20	内线电话
9	备注	Memo	C	60	

E.1.3 监控设备基本信息表(表 E.3)

表 E.3 监控设备基本信息表(DeviceInfo)

序 号	中文名称	内部名称	数据类型	长 度	备 注
1	所属管理机构	OrgID	UL	4	
2	设备类型	DeviceType	UT	1	
3	设备序号	DeviceID	UL	4	
4	设备名称	DeviceName	C	40	
5	设备上下行编号	UDFlag	UT	1	1-上行;2-下行
6	上下行描述	UDMemo	C	40	上行:路线的终点到起点;下行:路线的起点到终点
7	车道号	LaneNo	UT	1	
8	里程桩号	ZHlocation	C	10	单位:m。K123 +456 标识为 123456
9	设备经度	Longitude	C	20	单位:0.000 000 1°
10	设备纬度	Latitude	C	20	单位:0.000 000 1°
11	生产厂家	Manufacturer	C	40	
12	补充信息 1	DeviceHint	C	80	
13	补充信息 2	DeviceInfo	C	80	
14	设备备注信息	Memo	C	80	如情报板尺寸信息等
15	设备子类型	SubType	UL	4	没有则为 0
16	维护人编号	OperatorID	UL	4	
17	维护时间	OperatorTime	Date	8	
18	设备状态	DeviceStatus	UT	1	最新设备状态
19	采集时间	DetectTime	Date	8	最后更新状态时间
20	设备最新内容	Content	C	400	对于情报板信息,多条内容以半角“\”分隔
21	第三方 ID	ThirdID	UL		GIS 图层对应 ID

E.1.4 可变情报板补充表(表 E.4)

表 E.4 可变情报板补充表(CMSDeviceInfo)

序 号	中文名称	内部名称	数据类型	长 度	备 注
1	所属管理机构	OrgID	UL	4	
2	设备类型	DeviceType	UT	1	
3	设备子类型	SubType	UT	1	1 ~255

表 E.4(续)

序号	中文名称	内部名称	数据类型	长度	备注
4	情报板宽度	Width	smallint	2	单位:像素
5	情报板高度	Height	smallint	2	单位:像素
6	集成数量	CMSNum	UT	1	一般为1
7	支持字体类型	FontsType	UL	4	按位定义: 0位-宋体;1位-楷体; 2位-黑体;其他保留
8	最佳显示字符数	BestNum	UT	1	单块情报板
9	最大显示字符数	MaxNum	UT	1	单块情报板

E.1.5 公路路线信息表(表 E.5)

表 E.5 公路路线信息表(RoadInfo)

序号	中文名称	内部名称	数据类型	长度	备注
1	路线编号	Roadid	UL	4	
2	路线编码	RoadNo	C	20	
3	技术等级	TechnologyGrade	C	20	
4	路线名称	RoadName	C	40	
5	起点桩号	StartPos	UL	4	单位:m
6	终点桩号	EndPos	UL	4	单位:m
7	起点经度	StartLongitude	C	20	
8	起点纬度	StartLatitude	C	20	
9	终点经度	EndLongitude	C	20	
10	终点纬度	EndLatitude	C	20	
11	晴雨通车里程	TrafficMileage			
12	起点描述	StartInfo	C	100	
13	终点描述	EndInfo	C	100	
14	上行方向	UpDirect	C	20	
15	上行方向描述	UpDirectDesc	C	20	
16	下行方向	DownDirect	C	20	
17	下行方向描述	DownDirectDesc	C	20	
18	所属单位	OrgID	UL	4	
19	车道数	LaneCount	UT	1	
20	设计速度	DesignSpeed	US	2	
21	排序标志	Ordered	UT	1	

E.1.6 公路子路段信息表(表 E.6)

表 E.6 公路子路段信息表(SectInfo)

序　号	中文名称	内部名称	数据类型	长　度	备　注
1	子路段编号	Sectid	UL	4	
2	路线编号	Roadid	UL	4	
3	子路段编码	SectNo	C	20	
4	子路段名称	SectName	C	40	
5	起点桩号	StartPos	UL	4	
6	终点桩号	EndPos	UL	4	
7	子路段长度	SectLength	UL	4	单位:m
8	起点经度	StartLongitude	C	20	
9	起点纬度	StartLatitude	C	20	
10	终点经度	EndLongitude	C	20	
11	终点纬度	EndLatitude	C	20	
12	晴雨通车里程	TrafficMileage	UL	4	单位:m
13	起点描述	StartInfo	C	100	
14	终点描述	EndInfo	C	100	
15	管理机构编码	OrgID	UL	4	
16	南北网标记	NetFlag	UT	1	0-南网;1-北网;2-大桥
17	排序标志	Ordered	UT	1	

E.1.7 情报板发布表(表 E.7)

表 E.7 情报板发布表(CMSIssue)

序　号	中文名称	内部名称	数据类型	长　度	备　注
1	指令流水号	SerialNo	UL	4	唯一编号
2	机构编码	OrgID	UL	4	接收方机构编码,校验用
3	设备编码	DeviceID	UL	4	接收方设备编码
4	当前时间	CurrentTime	date	8	记录产生当前时间;与客户端通信的开始时间
5	发布开始时间	DispTime	date	8	情报板信息启用时间
6	指令类型	CmdType	UT	1	
7	显示内容	DispCont	C	640	多行内容以半角“\”分隔
8	发布结束时间	EndTime	date	8	1970-01-01 00:00:00 表示省监控中心撤销控制,其他表示发布结束时间

表 E.7(续)

序号	中文名称	内部名称	数据类型	长度	备注
9	发布人员姓名	CmdMan	C	20	
10	发布反馈结果	CmdResult	UT	1	0-预置值,无定义; 1-设备不存在; 2-设备故障,无法使用; 3-通信失败; 4-未知错误; 255-信息发布成功
11	反馈时间	UpdateTime	date	8	中心接收反馈的时间
12	当前状态	CmdStatus	UT	1	1-正在通信; 2-指令下发成功; 3-已反馈

E.1.8 可变信息(限速)标志采集表(表 E.8)

表 E.8 可变信息(限速)标志采集表[CMSAcquisitionYYYYMM(年月)]

序号	中文名称	内部名称	数据类型	长度	备注
1	设备编码	DeviceID	UL	4	
2	机构编码	OrgID	UL	4	
3	发布时间	CollectTime	Date	8	
4	播放序号	PlayID	UT	1	0~255
5	播放内容类型	PlayType	UT	1	1-限速值;2-普通文字
6	停留时间	DispTime	US	2	单位:s
7	显示内容	DispCont	C	80	

E.2 业务数据类

业务数据类见表 E.9。

表 E.9 业务数据类

序号	数据表	英文名称	备注
1	车辆检测器数据表	VDData	参考"10 数据联网要求"定义
2	气象检测器数据表	WSData	
3	可变信息(限速)标志数据表	CMSData	
4	隧道光强检测	TNLLOData	
5	隧道一氧化碳/能见度检测数据表	TNLCOData	
6	隧道风向风速检测数据表	TNLWSData	
7	隧道火灾检测数据表	TNLFDData	
8	情报板信息发布数据表	CMSIssue	

E.3 系统审核类

E.3.1 权限组信息表(表E.10)

表E.10 权限组信息表(GroupInfo)

序号	中文名称	内部名称	数据类型	长度	备注
1	权限组编号	GroupID	UL	4	
2	权限组名称	GroupName	C	20	
3	权限组类型	GroupType	UT	1	用户权限组的分类
4	备注	Memory	C	60	

E.3.2 用户权限组对应表(表E.11)

表E.11 用户权限组对应表(GroupOperator)

序号	中文名称	内部名称	数据类型	长度	备注
1	权限组编号	GroupID	UL	4	
2	人员编号	OperatorID	UL	4	

E.4 权限对应表

权限对应表见表E.12。

表E.12 权限对应表(GroupPepodom)

序号	中文名称	内部名称	数据类型	长度	备注
1	权限组编号	GroupID	UL	4	
2	权限ID	PopedomID	UL	4	
3	权限特性	Style	UT	1	
4	服务类别	ServerKind	UL	4	保留
5	备注	Memory	C	60	

E.4.1 权限明细表(表E.13)

表E.13 权限明细表(PopedomInfo)

序号	中文名称	内部名称	数据类型	长度	备注
1	权限ID	PopedomID	UL	4	
2	权限名称	PopedomName	C	40	
3	序号	SIndex	UL	4	
4	服务类别	ServerKind	UL	4	保留

表 E.13(续)

序　　号	中文名称	内部名称	数据类型	长　　度	备　　注
5	目标程序	LinkTo	C	60	
6	目标类型	Target	UT	1	
7	标签	Tag	UL	4	保留
8	保留字段 1	Spare1	UT	4	
9	保留字段 2	Spare2	C	40	
10	备注	Memo	C	60	

E.4.2　系统操作日志表(表 E.14)

表 E.14　系统操作日志表

序　　号	中文名称	内部名称	数据类型	长　　度	备　　注
1	序号	EventID	UL	4	系统自动增长
2	操作人	OGeratorID	UL	4	
3	操作时间	OperateTime	UL	4	
4	操作类型	OperateType	UL	4	1-登录; 2-注销; 11-查询数据; 101-修改数据; 102-删除数据; 其他-保留
5	操作内容	Content	C	100	
6	操作者 IP	OperatorIP	C	20	
7	备注	Memo	C	60	

附 录 F
（资料性附录）
监控系统 IP 地址规划

F.1 IP 地址规划原则

a) 省内高速公路联网监控、通信系统的 IP 地址分配遵守本标准。

b) IP 地址具体规划、利用、回收工作由省监控中心统一负责。

c) IP 地址划分为广域网地址块、局域网地址块和预留地址块，并按照省监控中心、路段监控（分）中心、基层管理单元进行子网方式管理。

d) 与交通联网的网络设备，本省使用统一的 IP 地址段 32.64.0.0 ~ 32.64.255.255。相关定义见表 F.1。

表 F.1 IP 地址规划

名 称	类 型	IP 地址范围
江苏省高速公路省监控中心	广域网地址	32.64.0.0 ~ 32.64.0.255
	局域网地址	32.64.1.0 ~ 32.64.255.255

F.2 IP 地址规划

根据目前监控系统联网的实际情况，本标准对各路公司 IP 地址规划见表 F.2。

表 F.2 各路公司 IP 地址分配规划表

公 司 名 称	IP 地址范围
江苏省高速公路联网营运管理中心	10.37.0.0 ~ 10.37.15.255（局域网） 10.37.240.0 ~ 10.37.255.255（广域网）
江苏省高速公路经营管理中心	10.99.0.0 ~ 10.99.15.255（局域网） 10.99.240.0 ~ 10.99.255.255（广域网） 10.100.0.0 ~ 10.100.15.255（局域网） 10.100.240.0 ~ 10.100.255.255（广域网）
江苏宁沪高速公路股份有限公司	10.101.0.0 ~ 10.101.15.255（局域网） 10.101.240.0 ~ 10.101.255.255（广域网）
江苏宁杭高速公路有限公司	10.102.0.0 ~ 10.102.15.255（局域网） 10.102.240.0 ~ 10.102.255.255（广域网）
苏州苏嘉杭高速公路有限公司	10.103.0.0 ~ 10.103.15.255（局域网） 10.103.240.0 ~ 10.103.255.255（广域网）
沪苏浙高速公路有限公司	10.104.0.0 ~ 10.104.15.255（局域网） 10.104.240.0 ~ 10.104.255.255（广域网）

表 F.2(续)

公 司 名 称	IP 地址范围
江苏沿江高速公路有限公司	10.105.0.0 ~ 10.105.15.255(局域网) 10.105.240.0 ~ 10.105.255.255(广域网)
江苏京沪高速公路有限公司	10.106.0.0 ~ 10.106.15.255(局域网) 10.106.240.0 ~ 10.106.255.255(广域网)
江苏宁靖盐高速公路有限公司	10.107.0.0 ~ 10.107.15.255(局域网) 10.107.240.0 ~ 10.107.255.255(广域网)
江苏宁宿徐高速公路有限公司	10.108.0.0 ~ 10.108.15.255(局域网) 10.108.240.0 ~ 10.108.255.255(广域网)
江苏广靖锡澄高速公路有限公司	10.109.0.0 ~ 10.109.15.255(局域网) 10.109.240.0 ~ 10.109.255.255(广域网)
江苏汾灌高速公路管理有限公司	10.110.0.0 ~ 10.110.15.255(局域网) 10.110.240.0 ~ 10.110.255.255(广域网)
江苏锡宜高速公路有限公司	10.111.0.0 ~ 10.111.15.255(局域网) 10.111.240.0 ~ 10.111.255.255(广域网)
江苏沿海高速公路管理有限公司	10.112.0.0 ~ 10.112.15.255(局域网) 10.112.240.0 ~ 10.112.255.255(广域网)
江苏宿淮盐高速公路管理有限公司	10.113.0.0 ~ 10.113.15.255(局域网) 10.113.240.0 ~ 10.113.255.255(广域网)
江苏扬子大桥股份有限公司	10.114.0.0 ~ 10.114.15.255(局域网) 10.114.240.0 ~ 10.114.255.255(广域网)
苏州绕城高速公路有限公司	10.115.0.0 ~ 10.115.15.255(局域网) 10.115.240.0 ~ 10.115.255.255(广域网)
江苏润扬大桥发展有限公司	10.116.0.0 ~ 10.116.15.255(局域网) 10.116.240.0 ~ 10.116.255.255(广域网)
江苏宁常镇溧高速公路有限公司	10.117.0.0 ~ 10.117.15.255(局域网) 10.117.240.0 ~ 10.117.255.255(广域网)
江苏连徐高速公路有限公司	10.118.0.0 ~ 10.118.15.255(局域网) 10.118.240.0 ~ 10.118.255.255(广域网)
江苏苏通大桥有限责任公司	10.119.0.0 ~ 10.119.15.255(局域网) 10.119.240.0 ~ 10.119.255.255(广域网)
常州市高速公路管理有限公司	10.120.0.0 ~ 10.120.15.255(局域网) 10.120.240.0 ~ 10.120.255.255(广域网)
南京长江第四大桥有限责任公司	10.121.0.0 ~ 10.121.15.255(局域网) 10.121.240.0 ~ 10.121.255.255(广域网)

表 F.2(续)

公 司 名 称	IP 地址范围
南京绕城高速公路东南段有限责任公司	10.122.0.0~10.122.15.255(局域网) 10.122.240.0~10.122.255.255(广域网)
江苏泰州大桥有限公司	10.123.0.0~10.123.15.255(局域网) 10.123.240.0~10.123.255.255(广域网)
南京长江第三大桥有限责任公司	10.124.0.0~10.124.15.255(局域网) 10.124.240.0~10.124.255.255(广域网)
南京长江第二大桥有限责任公司	10.125.0.0~10.125.15.255(局域网) 10.125.240.0~10.125.255.255(广域网)

附 录 G
(规范性附录)
移动视频图像技术要求

G.1 移动视频图像技术参数要求

a) 模拟视频采用 PAL/NTSC 标准。

b) 实时模拟监视彩色图像分辨率≥200 线,黑白分辨率≥250 线,灰度等级不低于 8 级。

c) 数字图像应满足以下要求:

1) 实时监视数字解压图像应达到每路 25 帧/s 的帧率;

2) 图像像素格式应为 CIF(352×288);

3) 回放图像分辨率≥200 线,帧率应达到每路 25 帧/s。

G.2 移动视频图像质量要求

a) 视频图像质量主观评价要求

监控视频通道处于工作状态时,实时图像、回放图像画面信息不应有明显的缺损,物体运动时图像边缘不应有明显的锯齿状、拉毛、断裂等现象。对于移动视频监控的特殊要求,分别采用两种主观评价指标体系,分别参见表 G.1 和表 G.2。这两种主观评价指标体系均采用五级评分制,测试后取两者的均值。

表 G.1 主观评价指标体系 A

类别	分值					加权
	5	4	3	2	1	
色彩	色彩真实	色彩艳丽	色彩正常,但偏淡	色彩有偏色,少了某些颜色现象	无色彩	0.2
清晰度	十分清晰	比较清晰	不太清晰,但可轻松辨认	模糊,可以辨认大致轮廓	非常模糊,完全看不清楚	0.2
锐利	边缘锐利,无锯齿	边缘较为锐利,轻微锯齿	边缘存在锯齿	锯齿现象十分严重	马赛克	0.2
失真度	无任何扭曲、变形、马赛克现象	基本无变形、扭曲、马赛克现象	存在一定扭曲变形,常出现马赛克	扭曲、变形严重、存在严重马赛克现象,但可辨认	完全无法辨认	0.2
抖动度	流畅,无停顿感	较为流畅,有轻微停顿感	停顿感较为严重,严重影响观感	动画片效果	幻灯片效果	0.2

表 G.2 主观评价指标体系 B

项目	分值					加权
	5	4	3	2	1	
马赛克效应	无	有,不严重	较严重	严重	极严重	0.3
边缘处理	优	良	中	差	极差	0.05
颜色平滑度	优	良	中	差	极差	0.05
画面还原清晰度	优	良	中	差	极差	0.35
快速运动图像处理	优	良	中	差	极差	0.10
复杂运动图像处理	优	良	中	差	极差	0.10
低照度环境图像处理	优	良	中	差	极差	0.05

对移动视频的合格分值,具体要求须满足:平均分≥3 为合格,平均分 <3 则不合格。

b) 移动视频图像质量客观评价要求

1) 移动图像像素格式

移动图像像素格式要求:像素格式≥352 × 288。

2) 移动视频图像信噪比

信噪比主要是指视频信号压缩前与解压后视频信号的信噪比。需要时,可用 A/D 转换前与 D/A 转换后模拟视音频信号的信噪比来代替。

移动视频图像信噪比要求:信噪比≥20dB。

3) 移动视频图像帧率

图像帧率主要是指回放图像的帧率。

移动视频图像帧率要求:图像帧率≥25 帧/s。

4) 移动图像端对端延迟

前端摄像机获取的监控视频,经由编码器、传输网络、转发服务器、解码器等环节之后到达监控人员的显示屏,期间由于编码时延(Δt_e)、传输时延(Δt_c)、转发时延(Δt_t)、解码时延 Δt_d 等,使得监控视频图像存在时间上的延迟:$\Delta t = \Delta t_e + \Delta t_c + \Delta t_t + \Delta t_d$

G.3 图像质量主观评价的评价指标说明

根据移动视频监控的特点,下列指标是主观评价移动图像质量的几个主要指标,它们是衡量移动视频压缩效果的主观评价要素:

a) 马赛克效应

由于视频编码过程中出现数据流丢失,特别是某些关键帧数据的丢失,造成视频解码信息不全而导致画面中出现方块现象或是清晰度不够造成方块现象。

b) 边缘处理

边缘处理指的是为避免视频处理时物体边缘出现抖动、云雾、模糊等情况,造成图像轮廓的不清晰而进行的编码处理方法。

边缘处理的好坏主要体现为物体轮廓的清晰和逼真。

c) 颜色平滑度

颜色平滑度指的是图像经过压缩再还原后,颜色过渡处理的好坏程度。

一般是图像压缩后再还原,颜色过渡可能不好,颜色平滑度是描述这个颜色过渡的。一般地,采用制作成色带形式的标准视频源来主观对比测试即可,或可采用色彩变化较为丰富的标准视频源来主观对比测试。

d) 画面还原清晰度

画面还原清晰度指的是图像经过压缩再还原后,画面还原质量的好坏。

图像压缩后再还原肯定会出现信息丢失,画面信息不可能会100%地被还原,但是通过处理后画面的关键信息基本上都可以被还原出来(已经能满足人的视觉需求,往往丢失的是人的视觉无法识别或不感兴趣的区域)。一般地,画面还原清晰度检测环境的选择可以选用对清晰度要求较高的应用场合,如银行点钞,若满足了该场合的需求的话,就基本上可满足其他场合。

e) 快速运动图像处理

快速运动图像处理指的是针对快速运动图像编码时,为提高每帧图像的压缩效率,保证解码端图像质量的处理方法。

当视频编码过程中遇到图像画面中较为剧烈运动的场景时,每帧图像的压缩效率降低,使解码端图像的重建质量急剧下降,快速运动图像处理就是针对这一情况的处理方法。通常是以录制快速运动图像时,录像不出现丢帧及图像清晰作为衡量标准。快速运动环境的选取可选用交通环境。

f) 复杂运动图像处理

复杂运动图像处理指的是对复杂运动环境中物体形状进行有效提取的处理方法。

复杂的运动中比较难以提取物体形状信息,不便压缩,所以复杂运动图像处理就是一种针对复杂运动时提取物体形状信息的算法。一般地,复杂运动图像处理是以能识别、区分物体的特征及动作来衡量。

g) 低照度环境图像处理

低照度环境图像处理指的是对低照度环境产生的噪声而进行最低抑制处理。

低照度情况下,对视频信号噪声的处理尤为重要。视频信号噪声的主要表现方式是雪花亮点,因而主要通过雪花亮点的多少来衡量低照度处理效果,看能否基本看清楚关键物体。

G.4 测试原理——基于特征量提取的数字视频质量测试评估

将原始参考视频与失真视频在每一个对应帧中的每一个对应像素之间提取其特征参数进行比较,按照定义的PSNR公式,通过测评软件进行计算,算出对参考视频和失真视频提取的特征参数(如分辨率、帧率、信噪比等)的相应值,并给出比对结果。

测试原理框图见图G.1。

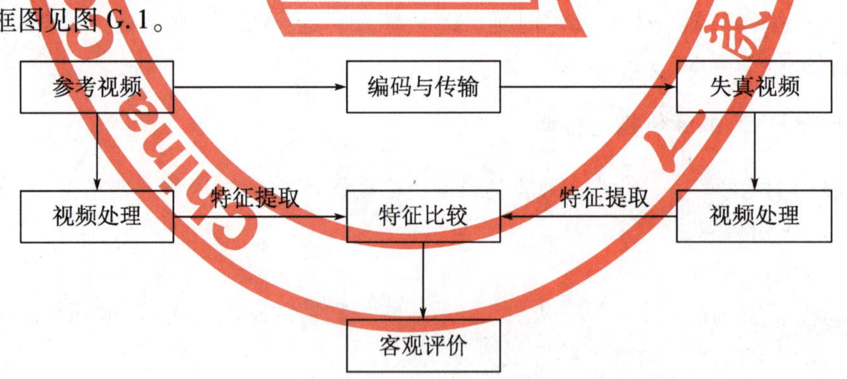

图G.1 基于特征量提取的视频质量客观评估模型

附 录 H
（规范性附录）
数据联网传输要求

H.1 传输模式

各级监控管理部门之间的数据采用中间件进行传输。

监控实时数据的传输模式，按照“省监控中心—路段监控（分）中心”模式进行数据通信。路段设有监控分中心的，监控分中心直接将数据实时发送给省监控中心，以保证数据的实时性。

H.2 数据类型定义

数据交换表中所使用的字段数据类型应符合表 H.1 的规定。

表 H.1 数据交换表中字段数据类型

数据类型	缩写	数据范围	字节
Tinyint	T	-128..127	1
Smallint	S	-32 768..32 767	2
Longint/Int	L	-2 147 483 648..2 147 483 647	4
UnsignedTinyint	UT	0..255	1
UnsignedSmallint	US	0..65 535	2
UnsignedLongint/Int	UL	0..4 294 967 295	4
NUMBER/Numeric	NU(*p*, *s*)	*p* 为精度，*s* 表示小数点右边的数字个数。仅数据库定义中使用	
DateTime	Datetime	精确到秒	8
Date	Date	精确到天	4
Character(String)	C	字符串	不限

H.3 数据定义

各种数据统一采用报文头 + 报文构成，各系统报文头格式统一，以便不同系统之间的消息往来。交易报文包含两个组成部分：报文头和报文数据。其结构见表 H.2。

表 H.2 报文结构

序号	内容	长度（字节）
1	报文头	28 字节
2	交易数据	（不定长度）0～65 535
注：应答报文只有报文头，其交易数据长度为 0。		

交易数据采用 XML 文件格式,具体定义参考下文。

H.3.1 报文头定义

a) 报文头结构定义参考表 H.3。

表 H.3 报文头结构

序号	字段名称	内部名称	类型	字节	备注
1	版本号	Version	UT	1	首次版本号:000
2	状态	Status	UT	1	报文状态(按位定义)
3	交易类型	TranType	US	2	—
4	发送方编码	SendID	UL	4	—
5	接收方编码	RecvID	UL	4	—
6	交易流水号	MessageID	UL	4	0 ~4 000 000 000 当日不重复
7	当前报文序号	MsgID	UL	2	当前报文在所有报文中的序号
8	数据长度	DataLen	UL	2	一般单个报文不超过 65 535 字节
9	保留 1	Reserve01	US	4	保留
10	保留 2	Reserve02	US	2	保留
11	报文验证/错误代码	ErrCode	UT	1	0:正常;其他错误码
12	报文头验证码	CheckSum	UT	1	对 1 ~11 的数据按字节进行与或校验
—	—	—	合计	28	—

报文头结构示例见表 H.4。

表 H.4 报文头结构示例

序号	字段名称	内部名称	类型	请求内容	应答内容
1	版本号	Version	UT	000	000
2	报文状态	Status	UT	2	3
3	消息类型	TranType	US	0001H	0001H
4	发送方编码	SendID	UL	00000000	00010000
5	接收方编码	RecvID	UL	00010000	00000000
6	交易流水号	MessageID	UL	12	12
7	当前报文序号	MsgID	US	0	0
8	数据长度	DataLen	US	65535	0
9	保留 1	Reserve01	UL	0	0
10	保留 2	Reserve02	US	0	0
11	报文验证/错误代码	ErrCode	UT	计算略	0
12	报文头验证码	CheckSum	UT	计算略	计算略
—	—	—	合计	28	—

报文状态,按位定义,从低位(0 位)到高位分别定义,见表 H.5。

表 H.5 报文状态

位	定　义	数据说明
0 位	请求/应答状态位	0-请求;1-应答
1 位	报文是否结束标志	0-未结束;1-结束
2 位	报文加密标志	0-未加密;1-加密
3 位	报文是否压缩	0-未压缩;1-压缩
4 ~7 位	保留	
注:生成数据报文的源端将所有的机构编码填在 SendID,将发送目的地的机构编码填入 RecvID。具体定义参考“管理机构编码”。		

ErrCode 定义见表 H.6。

表 H.6 ErrCode 定义

ErrCode	定　义
0	正常,全部报文接收成功
1	当前报文接收正常
2	当前报文接收故障,请求重新发送当前报文
3	全部报文接收故障,请求重新发送全部报文
其他	保留
252	系统错误
253	验证码检验错
254	请求数据非法
255	无此交易类别

请求报文(Status&1 =0)时,本字段存放报文的 CheckSum。

应答报文(Status&1 =1)使用此报文,以返回确定对原文的处理情况。应答报文的 DataLen =0。

b) 报文头的要求如下:

1) 通信数据报文采用二进制格式,允许使用字符串和各种长整型数据,浮点数以字符串表示,存在字节顺序问题的数据类型一律统一到低址低字节的字节顺序(Intel x86 采用的 little endian 方式),避免跨平台通信时出现问题;

2) 各数据包统一采用报文头 + 报文构成,报头格式统一,以便中心对系统进行统一处理;报文长度在报文头中的数据长度域说明;

3) 请求方生成数据报文后将交易状态设为“请求”,对方完成数据处理后,如果需要给请求方以应答,将交易状态设为“应答”,交易代码不变,否则只要返回确认信息;

4) 通信程序收到数据报文后,首先必须检验其宏观合法性。检验内容包括:版本号和帧头长度的合法性;有数据长度计算的报文长度是否与实际相符;机构编码和保留字中的机构代码是否存在;加密方式是否合法;CheckSum 是否正确;收到非法数据给予告警并记录通信日志;

5） 每种交易使用唯一的交易流水号表示。数据交换过程当中，根据发起方不同视为不同的交易，即使传输的是相同的数据，也应该使用两个独立的交易流水号；

6） 交易类型资源按段分配给不同种类的交易类别，而不采用连续分配方式，以便将来扩充功能；

7） 客户端将数据打包，按时将数据发送到服务端。对于数据量较大的报文（报文数据超过65 535 字节），分多次进行传输。对于查询交易，将该请求数据单个打包及时上传下达；

8） 为了减少处理花费的时间，交易包头的数据部分采用明码方式，采用 Checksum 计算保证交易数据的完整性；

9） 本标准中涉及的加密算法均采用 3 层 DES 加密算法。密钥由省监控中心统一下发；

10） 本标准中涉及的压缩算法采用标准的 LZ77 算法。

H.3.2 数据传输流程

客户端首先必须进行签入流程，签入成功后方可以进行数据的交互。

a） 客户端签入：客户端→服务端
   1） 客户端发送握手交易消息；
   2） 服务端校验，发送应答报文。

b） 下发数据：服务端→客户端
   1） 客户端连接正常；
   2） 服务端发送报文；
   3） 客户端校验，发送应答报文；
   4） 服务端检查应答报文，确认是否成功及是否需要重传。

c） 上传数据：客户端→服务端
   1） 与服务端连接正常；
   2） 客户端发送报文；
   3） 服务端校验，发送应答报文；
   4） 客户端检查应答报文，确认是否成功及是否需要重传。

H.4 基础报文定义

基础报文定义见表 H.7。

表 H.7 基础报文定义

序　号	消息类型	交易类型 TranType	说　明
1	握手交易	0x00 10	
2	心跳测试	0x00 11	
3	数据重传	0x00 12	服务端请求

此报文中，交易类型（TranType）统一以十六进制表示。

H.4.1 握手交易消息

连接方与被连接者建立连接后，必须在 1min 内发出握手交易请求数据。

握手请求报文结构见表 H.8。

表 H.8 握手请求报文结构

序号	中文名称	内部名称	数据类型	长度	备注
1	IP 地址	IPAddr	C	15	校验用
2	请求日期时间	T0	C	19	校验用

H.4.2 心跳测试消息

客户端定期对服务端进行数据连接测试，以判定连接是否仍然有效。客户端在无数据通信时，必须保证最长 30min 进行一次心跳测试。心跳测试交易类型为 0011H，请求和应答的报文内容均为空。客户端在 30s 内未收到应答视为一次心跳测试失败，立即发出第二次测试请求，连续三次心跳测试失败后认定连接无效，做清理工作。

H.4.3 数据重传消息

当省监控中心需要下辖管理机构重新传输数据时，发送此交易请求。重新传输的数据，为指定交易类型下当前统计日期内的所有数据。

收费站收到此交易请求后，将按照原有的传输方式，将数据发送到省监控中心。消息定义见表 H.9。

表 H.9 数据重传消息表格

序号	中文名称	内部名称	数据类型	长度	备注
1	交易类型	TranType	US	2	重新发送的交易类型
2	重传类型	RedoType	UT	1	0-重传当前的最后一笔数据；1-按 sdata 的具体日期重传
3	保留	Reserve	UT	1	保留
4	重新传输日期	sdate	C	10	重新采集统计日期，如 2009-12-12

此报文中，交易类型为 0，表示所有客户端主动发起所有交易类型。各种设备内容信息只上传一次。

H.5 业务数据报文定义

已建路段，由直接管理路段的管理部门按照数据格式要求对数据进行转换；新建路段，管理部门按照业务数据格式要求进行数据编码。

监控系统编码参见附录 C。

业务数据根据省监控中心的需要而进行动态维护。根据目前的业务要求，对具体的业务数据进行定义，见表 H.10。

表 H.10 业务数据类型清单

序号	消息类型	交易类型 TranType	说明
1	设备最新状态检测消息	0x01 01	
2	设备最新状态查询消息	0x01 02	服务端请求
3	车辆检测器消息	0x02 01	
4	气象检测器消息	0x02 02	
5	可变信息(限速)标志消息	0x02 03	
6	隧道光强检测消息	0x02 04	隧道
7	隧道一氧化碳/能见度检测消息	0x02 05	隧道
8	隧道风向风速检测消息	0x02 06	隧道
9	隧道火灾检测消息	0x02 07	隧道
10	可变信息(限速)标志反馈消息	0x03 03	客户端反馈消息
11	可变信息标志控制消息	0x04 03	服务端请求

H.5.1 设备最新状态检测消息

本交易类型:0x01 01。

各路段监控(分)中心应在监测到设备状态变化后及时将设备状态发送到省监控中心。一般每周一发送一次全量数据,其他天发送增量数据。增量数据为距离上次数据成功接收后变化的数据。消息定义见表 H.11。

表 H.11 设备最新状态检测消息表格

序号	中文名称	内部名称	数据类型	长度	备注
1	机构编码	OrgID	UL	4	校验用
2	记录总数	RecordCount	UL	4	
3	记录类型	RecordType	UT	1	
4	外场监控设备编码	DeviceID	UT	4	
5	外场设备状态	DeviceStatus	UT	1	
6	最早发现时间	DetectTime	datetime	—	
…	…	…	…	…	重复4~6;共 n 次。记录总数为 n

H.5.2 设备最新状态查询消息

省监控中心根据需要可以主动发起设备最新设备状态查询消息,下属管理机构接收此消息后,应当主要发起 0x01 02 类型交易,将所有外场设备最新状态打包发送。

消息定义见表 H.12。

表 H.12　设备最新状态查询消息表格

序　号	中文名称	内部名称	数据类型	长　度	备　注
1	IP 地址	IPAddress	C	15	校验用
2	请求时间	T0	C	19	校验用
3	设备类型	DeviceType	UT	1	

H.5.3　车辆检测器消息

交易类型:0x02 01。

下级管理机构收到外场设备的数据后,应即时(1min 内)将数据发送到省监控中心。

数据采集周期建议为 5min,具体数据定义见表 H.13。

表 H.13　车辆检测器消息表格

序　号	中文名称	内部名称	数据类型	长　度	备　注
1	机构编码	OrgID	UL	4	校验用
2	记录总数	RecordCount	UL	4	
3	设备编码	DeviceID	UL	4	校验用
4	采集时间	CollectTime	C	19	
5	采集周期	CollectPeriod	US	2	单位:s
6	总车道数	LaneNum	T	1	建设车道总数
7	上行车道数	UpLaneNum	T	1	可用车道数
8	下行车道数	DwLaneNum	T	1	可用车道数
9	上行车流量	UpFlux	US	2	全部上行车道流量
10	下行车流量	DwFlux	US	2	全部下行车道流量
11	上行平均速度	UpSpeed	US	2	
12	下行平均速度	DwSpeed	US	2	
13	上行平均占有率	UpOccup	US	2	单位:0.01%
14	下行平均占有率	DwOccup	US	2	单位:0.01%
15	上行车道 1 流量	UpL1Flux	S	2	单位:veh/h
16	上行车道 2 流量	UpL2Flux	S	2	单位:veh/h
17	上行车道 3 流量	UpL3Flux	S	2	单位:veh/h
18	上行车道 4 流量	UpL4Flux	S	2	单位:veh/h
19	下行车道 1 流量	DwL1Flux	S	2	单位:veh/h
20	下行车道 2 流量	DwL2Flux	S	2	单位:veh/h
21	下行车道 3 流量	DwL3Flux	S	2	单位:veh/h
22	下行车道 4 流量	DwL4Flux	S	2	单位:veh/h
23	上行车道 1 速度	UpL1Speed	S	2	单位:km/h

表 H.13（续）

序　号	中文名称	内部名称	数据类型	长　度	备　注
24	上行车道 2 速度	UpL2Speed	S	2	单位:km/h
25	上行车道 3 速度	UpL3Speed	S	2	单位:km/h
26	上行车道 4 速度	UpL4Speed	S	2	单位:km/h
27	下行车道 1 速度	DwL1Speed	S	2	单位:km/h
28	下行车道 2 速度	DwL2Speed	S	2	单位:km/h
29	下行车道 3 速度	DwL3Speed	S	2	单位:km/h
30	下行车道 4 速度	DwL4Speed	S	2	单位:km/h
31	上行车道 1 占有率	UpLlOccup	US	2	单位:0.01%
32	上行车道 2 占有率	UpL2Occup	US	2	单位:0.01%
33	上行车道 3 占有率	UpL3Occup	US	2	单位:0.01%
34	上行车道 4 占有率	UpL4Occup	US	2	单位:0.01%
35	下行车道 1 占有率	DwL1Occup	US	2	单位:0.01%
36	下行车道 2 占有率	DwL2Occup	US	2	单位:0.01%
37	下行车道 3 占有率	DwL3Occup	US	2	单位:0.01%
38	下行车道 4 占有率	DwL4Occcp	US	2	单位:0.01%
—	—	—	—	—	3～38 重复

H.5.4　气象检测器消息

交易类型:0x02 02。

下级管理机构收到外场设备的数据后，应即时(1min 内)将数据发送到省监控中心。

数据采集周期为 5min，具体数据定义见表 H.14。

表 H.14　气象检测器消息表格

序　号	中文名称	内部名称	数据类型	长　度	备　注
1	机构编码	OrgID	UL	4	校验用
2	记录总数	RecordCount	UL	4	
3	设备编码	DeviceID	UL	4	校验用
4	采集时间	C	19	4	
5	采集周期	CollectPeriod	US	2	单位:s
6	能见度最大值	VisMax	US	2	
7	能见度最小值	VisMin	US	2	
8	能见度平均值	VisAvg	US	2	
9	风速最大值	WSpeedMax	US	2	单位:0.1m/s
10	风速最小值	WSpeedMin	US	2	单位:0.1m/s
11	风速平均值	WSpeedAvg	US	2	单位:0.1m/s

表 H.14(续)

序　号	中文名称	内部名称	数据类型	长　度	备　注
12	风向	WSDir	UT	1	
13	气温最大值	ATempMax	S	2	单位:0.1℃
14	气温最小值	ATempMin	S	2	单位:0.1℃
15	气温平均值	ATempAvg	S	2	单位:0.1℃
16	路面温度最大	RTempMax	S	2	单位:0.1℃
17	路面温度最小	RTempMin	S	2	单位:0.1℃
18	路面温度平均值	RTempAvg	S	2	单位:0.1℃
19	湿度最大值	HumiMax	T	1	%
20	湿度最小值	HumiMin	T	1	%
21	湿度平均值	HumiAvg	T	1	%
22	降雨量	RainVol	US	2	单位:0.01mm
23	降雪量	SnowVol	US	2	单位:0.01mm
24	路面状况	Rsurface	UT	1	
—	—	—	—	—	3～24 重复

H.5.5 可变信息(限速)标志消息

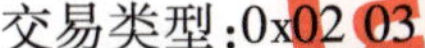

交易类型:0x02 03。

下级管理机构重新发布情报板信息或设置限速信息后,应即时(1min 内)将数据发送到省监控中心。发布情报板信息必须以文字形式提供,如果发布的信息为限速值,则此内容单位为 km/h,且数据必须不包含任何非数字符号。

具体数据定义见表 H.15。

表 H.15 可变信息(限速)标志消息表格

序　号	中文名称	内部名称	数据类型	长　度	备　注
1	机构编码	OrgID	UL	4	校验用
2	记录总数	RecordCount	UL	4	
3	设备编码	DeviceID	UL	4	校验用
4	发布时间	CollectTime	C	19	
5	播放序号	PlayID	UT	1	0～255
6	播放内容类型	PlayType	UT	1	
7	停留时间	DispTime	US	2	单位:s
8	显示内容	DispCont	C	80	
—	—	—	—	—	4～7 可重复
—	—	—	—	—	3～8 可重复

H.5.6 隧道光强检测消息

交易类型:0x02 04。

下级管理机构收到外场设备的数据后,应即时(1min 内)将数据发送到省监控中心。

数据采集周期为5min,具体数据定义见表 H.16。

表 H.16 隧道光强检测消息表格

序　号	中文名称	内部名称	数据类型	长　度	备　注
1	机构编码	OrgID	UL	4	校验用
2	记录总数	RecordCount	UL	4	
3	设备编码	DeviceID	UL	4	校验用
4	采集时间	CollectTime	C	19	
5	采集周期	CollectPeriod	US	2	单位:s
6	洞外照度	LOLumi	US	2	单位:lx
7	洞内照度	LILumi	US	2	单位:lx
—	—	—	—	—	3~7 可重复

H.5.7 隧道一氧化碳/能见度检测消息

交易类型:0x02 05。

下级管理机构收到外场设备的数据后,应即时(1min 内)将数据发送到省监控中心。

数据采集周期为5min,具体数据定义见表 H.17。

表 H.17 隧道一氧化碳/能见度检测消息表格

序　号	中文名称	内部名称	数据类型	长　度	备　注
1	机构编码	OrgID	UL	4	校验用
2	记录总数	RecordCount	UL	4	
3	设备编码	DeviceID	UL	4	校验用
4	采集时间	CollectTime	C	19	
5	采集周期	CollectPeriod	US	2	单位:s
6	一氧化碳浓度	COConct	US	2	单位:cm^3/m^3
7	能见度	Visibility	US	2	单位:l/m
—	—	—	—	—	3~7 可重复

H.5.8 隧道风向风速检测消息

交易类型:0x02 06。

下级管理机构收到外场设备的数据后,应即时(1min 内)将数据发送到省监控中心。

数据采集周期建议为5min,具体数据定义见表 H.18。

表 H.18　隧道风向风速检测消息表格

序　号	中文名称	内部名称	数据类型	长　度	备　注
1	机构编码	OrgID	UL	4	校验用
2	记录总数	RecordCount	UL	4	
3	设备编码	DeviceID	UL	4	校验用
4	采集时间	CollectTime	UL	4	
5	采集周期	CollectPeriod	US	2	单位:s
6	风向	Direction	T	1	0-无风;1-与行车方向相同;2-与行车方向相反
7	风速	Speed	S	2	单位:m/s
—	—	—	—	—	3~7 可重复

H.5.9　隧道火灾检测消息

交易类型:0x02 07。

下级管理机构收到外场设备的数据后,应即时(1min 内)将数据发送到省监控中心。

数据为实时采集,具体数据定义见表 H.19。

表 H.19　隧道火灾检测消息表格

序　号	中文名称	内部名称	数据类型	长　度	备　注
1	机构编码	OrgID	UL	4	校验用
2	记录总数	RecordCount	UL	4	
3	设备编码	DeviceID	UL	4	校验用
4	报警时间	FDTime	C	19	
—	—	—	—	—	3~4 可重复

H.5.10　可变信息(限速)标志反馈消息

交易类型:0x03 03。

下级管理机构收到 0x04 03 控制消息后,主动发起本次交易请求进行回馈。

具体数据定义见表 H.20。

表 H.20　可变信息(限速)标志反馈消息表格

序　号	中文名称	内部名称	数据类型	长　度	备　注
1	机构编码	OrgID	UL	4	接收方机构编码,校验用
2	记录总数	RecordCount	UL	4	
3	指令流水号	SerialNo	UL	4	
4	接收方设备编码	DeviceID	UL	4	
5	指令类型	CmdType	UT	1	

表 H.20(续)

序　　号	中文名称	内部名称	数据类型	长　　度	备　　注
6	发布开始时间	DispTime	C	19	
7	发布结果	CmdResult	T	1	0-预置值,无定义; 1-设备不存在; 2-设备故障,无法使用; 3-通信失败; 4-未知错误; 255-信息发布成功
—	—	—	—	—	4~7 可重复

H.5.11　可变信息(限速)标志控制消息

交易类型:0x04 03。

省监控中心主动进行本次交易请求,下级管理机构收到本控制消息后,按照指令要求进行操作。

对于指令类型为"重要指令"的消息,应即时(2min 内)发布控制指令,并将信息发布结果通过相关的消息(交易类型 0x03 03)在 2min 内发送到省监控中心。完成后应发送 0x03 03 消息。

具体数据定义见表 H.21。

表 H.21　可变信息(限速)标志控制消息表格

序　　号	中文名称	内部名称	数据类型	长　　度	备　　注
1	机构编码	OrgID	UL	4	接收方机构编码,校验用
2	记录总数	RecordCount	UL	4	
3	指令流水号	SerialNo	UL	4	关键字
4	接收方设备编码	DeviceID	UL	4	
5	指令类型	CmdType	T	1	
6	当前时间	CurrentTime	C	19	
7	发布时间	DispTime	C	19	情报板信息启用时间
8	显示内容	DispCont	C	160	多条内容以半角"\"分隔
9	发布结束时间	EndTime	C	19	时间:1970-01-01 00:00:00 表示省监控中心撤销控制,其他表示发布结束时间
10	发布人员姓名	CmdMan	C	20	
—	—	—	—	—	4~9 可重复

H.6　文件命名规范

根据路段监控(分)中心采集软件的需要,本地传输的 XML 文件建议单独保存。保存文件路径可以自行指定,但其文件命名规则为:

交易类型_机构编码_文件生成时间_当天文件流水号.XML。

补充说明：

a) 采用半角的下划线（“_”）作为不同字段的连接符。

b) 交易类型。对应业务交易消息定义中的交易类型（即 TranType），以十六进制方式描述，采用4位 ASCII 码字符描述。

c) 机构编码：对应本监控中心的管理机构编码（即 OrgID）。

d) 文件生成时间：产生本 XML 文件的时间，以 YYYYMMDDhhmmss 表示，YYYY、MM、DD、hh、mm、ss 分别表示年、月、日、时、分、秒。

e) 当天文件流水号：每天从1开始顺序递增，包括所有当天产生各种类型文件（VD、CMS 等）。当天文件流水号与文件生成日期（YYYYMMDD）保持唯一。

示例1：

监控中心上传可变信息（限速）标志数据 XML 文件命名：0203_590000_20100928130123_1.xml。

示例2：

调度中心下发可变信息（限速）标志控制命令 XML 文件命名：0403_590000_20100928130123_1.xml。

示例3：

监控中心上传可变信息（限速）标志控制反馈数据 XML 文件命名：0303_590000_20100928130123_2.xml。

附 录 I
（规范性附录）
联网监控服务器地址及端口定义

为提高通信信息处理效率，服务端软件可以采用分布式的设计方式。联网调度中心为各个路段监控（分）中心分配指定的通信服务器 IP 地址及相关通信端口。

为了方便测试，省监控中心为各管理机构分配对应的测试端口，及提供相关数据测试、校验功能。

通信端口定义见表 I.1。

表 I.1 联网监控通信端口定义表

序 号	管理机构	端口号	说 明
1	省监控中心	—	
2	高管中心	10020	
3	高管机场高速监控中心	10030	
4	高管宁连高速监控中心	10040	
5	高管宁通高速监控中心	10050	
6	高管通启监控中心	10060	
7	高管宁淮淮安监控中心	10070	
8	高管宁淮南京监控中心	10080	
9	崇启大桥监控中心	10090	
10	宁沪马群监控中心	10100	
11	宁沪苏州监控（分）中心	10110	
12	宁沪无锡监控（分）中心	10120	
13	宁沪常州监控（分）中心	10130	
14	宁沪宁镇监控（分）中心	10140	
15	京沪公司总值班室	10150	
16	京沪徐州监控（分）中心	10160	
17	京沪淮安监控（分）中心	10170	
18	京沪扬州监控（分）中心	10180	
19	京沪扬州西北监控中心	10190	
20	宁扬监控中心	10200	
21	江阴大桥监控中心	10210	
22	连徐高速徐州监控中心	10220	
23	连徐高速新沂监控中心	10230	
24	连徐高速连云港监控（分）中心	10240	
25	沿江高速监控中心	10250	

表 I.1(续)

序　　号	管理机构	端　口　号	说　　明
26	宁杭高速监控中心	10260	
27	宁靖盐高速监控中心	10270	
28	宁徐宿高速监控中心	10280	
29	沿海高速监控中心	10290	
30	宿淮盐高速监控中心	10300	
31	锡澄监控中心	10310	
32	广靖监控中心	10320	
33	汾灌高速监控中心	10330	
34	锡宜高速监控中心	10340	
35	苏州绕城监控中心	10350	
36	苏嘉杭高速监控中心	10360	
37	润扬大桥监控中心	10370	
38	宁常镇溧监控中心	10380	
39	沪苏浙监控中心	10390	
40	苏通大桥调度指挥中心	10400	
41	南京长江第三大桥监控中心	10410	
42	南京绕越总值班室	10420	
43	锡张高速监控中心	10430	
44	常州西绕城监控中心	10440	
45	南京长江第四大桥有限责任公司总值班室	10450	
46	南京绕越东北段监控中心	10460	
47	江苏泰州大桥有限公司生产调度中心	10470	
48	南京长江第二大桥监控中心	10480	